KB074187

인생
지식

그동안 모르고 살았지만
알고 있으면
사회생활의 무기가 되는
진짜 교양

인생
지식

김민근 지음

마일스톤

차 례

서문 08

지적인 삶
과학 · 상식

2장

교양 있는 삶
문화 · 예술 · 역사

3장

여유로운 삶

경제 · 경영

4장

함께하는 삶
환경 · 지구

서문

인터넷과 모바일 혁명의 시대, 유용한 정보들이 넘쳐 나는 세상이다. 조금만 시간과 노고를 들이면 웬만한 답은 거의 다 찾을 수 있다. 어쩌면 이제는 무엇을 얼마나 알고 있는가보다 지금 내게 필요한 걸 어디서 어떻게 잘 찾을 수 있는지가 더 중요해진 것 같다. 그런데 역설적이게도 이렇게 흘러넘치는 정보로 인해 선택이 더 어려워졌다. 때로 검증되지 않은 정보 간에 상충이 일어나기도 하고, 비슷한 듯 조금씩 다른 검색 결과들이 선택을 더 어렵게 만들기도 한다. 데이터에서 정보와 지식을 가려 뽑아낼 수 있는 능력이 필요하다는 의미다.

내가 이런 정보와 지식의 중요성을 피부로 느낀 것은 20대 초반 군 복무 시절이었다. 부대에서 가장 높은 분께서 대뜸 "자네 엑셀 좀 알 줄 아나?"라고 물으셨다. 나는 MS나 한글 워드 같은 문서 작성 프로그램은 자신 있었지만 엑셀은 다뤄본 경험이 없었다. 해본 적 없다는 대답에 그분은 "그런가? 그럼 아주 중요한 임무를 하나 주겠네. 시간을 줄 테니 엑셀을 배워서 내게 좀 가르쳐주게"라는 말을 남기고 사라졌다.

순간 머릿속이 하얘졌다. 해본 적도 없는, 무엇보다 보안 문제로 인터넷 이용조차 제한적인 상황에서 그것은 청천벽력 같은 일이었다. 부랴부랴 관련 서적을 구해 밤낮으로 독학한 끝에 디데이에 맞춰 그분께 어느 정도 설명을 해드릴 수 있었다. 임무를 완수한 날, 그분은 내게 이렇게 말씀하셨다. "지식은 이런 것이라네. 자네가 몇 날 며칠 동안 시행착오를 겪으며 어렵게 습득한 것을 난 이렇게 자네에게 몇 시간 만에 금방 배우지 않았는가."

그렇다, 지식은 이런 것이다. 누군가가 시행착오를 겪어가며 남겨놓은 것을 잘 이어받으면 되는 것이다. 달리기라고 치면 출발선에서 몇 발짝이나 앞서 있는 상황이다.

시대와 분야를 가리지 않고 전 세계 지성들이 남겨놓은 지식이 우리를 기다리고 있다. 그중에는 당장 내가 해결해야 하는 일에 대한 해답이나 힌트가 되는 지식도 있고, 지적 호기심을 채우기 위한 지식도 있다. 때로는 해커나 주식의 작전 세력처럼 다른 사람을 해하는 데 악용되는 지식도 있다. 이렇게 다채로운 지식 중에서 어떤 것을 취하고 버릴지에 대한 답은 없다. 하지만 이왕이면 '괜찮은 삶'을 사는 데 도움이 되는 지식을 접하고 쌓았으면 좋겠다. 물론 사람마다 가치관이 다르고, 삶의 의미나 목표에 대한 기준이 다르기에 '괜찮은'에 대한 정의를 내리기는 어렵다.

내가 생각하는 괜찮은 삶의 기준은 '여유'다. 여기에는 경제적인 여유와 마음의 여유가 모두 포함된다. 적어도 싫어하는 일을 하지 않아도 될 정도의 경제력, 가끔 일상에서 벗어나 버킷리스트에 있는 것들을 하나씩 지워나가는 재미를 누릴 수 있는 그런 여유가 있었으면 좋겠다. 관심 있는 주제를 가지고 주변 사람들과 즐거운 대화를 나눌 수 있는 마음의 여유도 있었으면 한다. 언제부턴가 친한 사이라 해도 이런 이야기를 나누는 것을 어색해하고 개인의 취미나 취향으로 생각하는 경향이 보인다. 하지만 주변을 조금만 돌아봐도 삶에 도움을 주는 실용적인 지식이 매우 많다. 뿐만 아니라 하루하루 전쟁 같은 사회생활에 강력한 무기가 되는 정보도 많다. 실용적이지 않더라도 지식 그 자체를 온전히 즐기는 과정 자체가 하나의 즐거움이 아닐까?

이런 지식들을 소소하게 쌓아가는 데서 오는 만족, 숨겨 놓았던 감성을 누군가에게 풀어놓고 공유할 수 있는 순간이 있다는 것이야말로 지식이 주는 행복이라고 생각한다. 여기에 우리가 살고 있고 앞으로 우리 아이들이 살아가야 할 지속 가능한 지구를 위해 함께 고민하고 실천하는 것 또한 내가 바라는 삶의 한 모습이다.

이런 '괜찮은 삶'을 사는 데 도움이 되고 사회생활에 든든한 힘이 되는 지식을 모으고 싶었다. 지금 필요해서 정보를 검색했는데 시간이 지나 다시 보았을 땐 맘에 들지 않아 실망했던 정보가 아닌 '진짜 지식'이 살아 넘치는 공간을 만들고 싶었다. 그래서 〈데미안의 지식창고〉라는 블로그를 열고 그 앞에 '소장 가치가 있는 지식의 공유 창고'라는 수식어를 더해 차

곡차곡 지식을 담았다. 창고가 채워지면서 그 안에 있는 지식을 공유하기 위해 찾아오는 분들도 1만 명을 향해 가고 있다. 필요할 때 언제든 꺼내어 찾아보길 바라는 내 마음이 전해진 것 같아 뿌듯하다.

창고에 쌓인 지식들 가운데 가장 많은 관심을 받은 내용, 시간이 지나도 계속 꺼내보면 좋을 것 같은 지식을 가려 다시 한번 다듬어 이 책에 실었다. 그리고 카테고리를 크게 '지적인 삶(과학·상식)', '교양 있는 삶(문화·예술·역사)', '여유로운 삶(경제·경영)', '함께하는 삶(환경·지구)'으로 나눴다. 얕지 않되 어렵지 않게, 같은 주제라도 조금 다른 시선으로 담아내기 위해 노력했다. 인문과 교양의 힘을 믿는 한 사람으로서 이 책을 통해 독자들이 읽기의 즐거움을 깨닫기를, 얻은 지식을 바탕으로 또 다른 지식에 대한 호기심을 갖는 계기가 되기를 바란다.

2022년 여름
김민근

1장
지적인 삶

과학 · 상식

우리가 미처 몰랐던
의외의 발명가 5인

○ ○

발명은 인류 문명의 발전에 큰 공헌을 해왔다. 그래서 세계 각 나라들은 '발명의 날'을 제정하여 발명가의 공을 기리고 새로운 발명을 장려하고 있다. 우리나라는 측우기가 발명된 5월 19일을 발명의 날로 정했고, 미국은 발명왕 에디슨의 생일인 2월 11일을, 일본은 특허 전매 제도 공포일인 4월 18일을 발명의 날로 기념하고 있다.

세상에는 많은 발명가가 뛰어난 발명품으로 이름을 떨친다. 그런데 발명과 상관없이 전혀 다른 이유로 널리 알려진 유명 인사들 중에도 의외의 발명을 한 사람들이 있다. 지금껏 알려지지 않았던 그들의 발명가로서의 재능을 만나보자.

에이브러햄 링컨

미국의 16대 대통령 에이브러햄 링컨Abraham Lincoln은 미국 특허(특허번호 6469)를 보유한 유일한 대통령이다. 링컨의 자서전에 따르면 그는 어린 시절 오하이오강과 미시시피강에서 뱃사공으로 일했다. 당시 배가 얕은 하천의 모래톱에 걸려 좌초될 때마다 그는 수동으로 배를 띄워 탈출하곤 했다.

하원 의원으로서의 임기를 마친 뒤 링컨은 우연히 디트로이트강에 좌

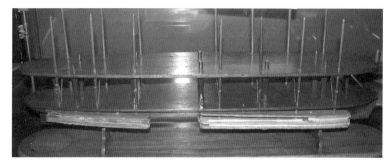

강 위로 선박을 들어 올리는 공기 챔버에 관한 링컨의 특허를 구현한 모형.

초된 증기선을 구조하려는 선원들을 목격했다. 이때 어릴 적 경험을 바탕으로 얕은 강 위로 선박을 들어 올릴 수 있는 한 쌍의 부력 있는 공기 챔버를 보트 측면에 부착하는 아이디어를 고안했고, 1849년 5월 22일 특허청으로부터 특허를 취득했다.

노무현

공교롭게도 링컨과 같은 우리나라 16대 노무현 대통령도 특허에 관심이 많았다. 사법시험을 준비할 때 '개량 독서대'의 실용신안을 출원했고 (등록 번호 제12411호), 청와대 내 감나무에서 감 따는 장치를 발명했다는 일화도 전해진다. 또한 재임 시절 'e지원'이라는 청와대 통합 업무 관리 시스템 특허를 출원하고 등록했다. e지원은 이메일처럼 '전자electronic'를 뜻하는 접두사 'e'에 '지식의 정원'이라는 의미의 '지원知園'이 합쳐진 이름이다. 즉 디지털 정보와 지식이 가득한 정원이라는 의미다.

사실 그는 리눅스 프로그래밍을 독학으로 배워 다양한 데이터베이스 프로그램을 만들 만큼 발명에 관심이 많았다. 정치인을 위한 인맥 관리 프로그램 '한라 1.0', 그룹웨어 '우리들', '노하우 2000', '민주주의 2.0' 등의 구축에도 참여했다.

알베르트 아인슈타인

수학적 모델링 속에서 상대성 이론을 증명하던 물리학의 천재와 주방 가전의 조합이 선뜻 어울리지는 않지만 알베르트 아인슈타인Albert Einstein 은 냉장고에 대한 특허를 받았다. 아인슈타인은 1926년 냉장고에서 냉매 로 사용된 유독 가스의 누출로 인해 베를린의 일가족이 사망한 뉴스를 접한 뒤, 동료 물리학자 레오 실라르드Leo Szilard와 함께 기존 제품보다 안전한 흡수식 냉장고를 개발했다. 당시 기계식 냉장고는 냉매를 압축하는 과정에서 부품이 낡거나 파손되면 밀폐용 실링이 파손되어 유독성 아황산 가스가 누출될 위험이 있었다. 아인슈타인은 기계식 펌프를 폐기하여 누출 위험을 제거한 흡수식 냉장고를 제안했다. 이때 냉각 화학 반응을 생성하기 위해 암모니아, 부탄, 물을 사용했다.

1930년 두 물리학자는 냉장고에 대한 특허를 받았다. 비록 이 냉장고는 아직까지 실용화되지 않았지만, 오존층을 파괴하는 프레온가스를 사용하는 현재 냉장고의 친환경적인 대안이 될 수 있는 것으로 평가받고 있다.

헤디 라마

1930~1940년대 '세계에서 가장 아름다운 여성'으로 불렸던 오스트리아 출신 미국의 유명 배우 헤디 라마Hedy Lamarr는 「알지어스」(1938), 「삼손과 델릴라」(1949) 등에 출연하며 스크린에서 큰 명성을 얻었다.

라마는 배우만이 아니라 발명가로도 뛰어났다. 2차 세계대전 초반 그녀는 친구였던 작곡가 조지 안실George Antheil과 서로 다른 채널 사이에서 주파수 도약 방식을 이용하여 전파 추적과 방해를 피하는 통신 기술을 개발했다. 이 기술은 연합군의 어뢰가 적의 전파 방해를 피해 목표물을 타격하게 할 수 있었으나 당시 미 해군은 군 외부에서 개발되었다는 이유로 사용하지 않았다.

하지만 라마의 기술은 시간이 흘러 오늘날 와이파이, CDMA, 블루투

1930~1940년대 할리우드 스타이자 뛰어난 발명가였던 헤디 라마.

스 기술의 근간이 되었다. 그녀는 2014년 국립 발명가 명예의 전당에 올랐으며, 독일은 그녀의 생일인 11월 9일을 발명의 날로 정했다.

로알드 달

『찰리와 초콜릿 공장』, 『제임스와 거대한 복숭아』, 『그렘린』, 『마틸다』 등의 책을 펴내며 최고의 아동문학 작가가 된 로알드 달Roald Dahl은 작가 외에도 다양한 모습을 보여준 인재였다. 2차 세계대전 기간 그는 군대에서 전투기 조종사로 근무했고 이후 영국의 보안 정보원으로도 활동했다.

세계적인 아동문학 작가 로알드 달과 어린 팬들.

달은 1960년대 초 발명가로 변신해 새로운 신경외과 기술의 선구자가 되는데, 의학에 관심을 둔 계기는 4개월 된 아들이 교통사고로 수두증을 앓은 것이었다. 아들의 고통을 덜어주기 위해 그는 소아 신경외과 의사인 케네스 틸Kenneth Till, 장난감 제작자이자 유압 엔지니어인 스탠리 웨이드Stanley Wade와 함께 뇌에서 체액을 효과적으로 배출하는 장치인 웨이드–달–틸 밸브Wade-Dahl-Till Valve를 개발했다. 이 밸브는 이전 장비들보다 막힘이 덜하고 살균이 쉬웠으며 가격도 저렴했다. 이후 그의 밸브는 전 세계적으로 수두증으로 고통받는 많은 어린이를 치료하는 데 사용되었다.

식욕을 부르는
맛있는 냄새의 정체

'보기 좋은 떡이 먹기도 좋다.' 이 속담에 공감하는 이가 많을 것이다. 그런데 과학적으로는 보기 좋은 것만큼이나 맛있는 냄새도 중요하다. 실제로 인간은 맛을 느낄 때 상당 부분을 후각에 의존한다. 우리가 혀를 통해 느끼는 맛은 단맛, 신맛, 짠맛, 쓴맛, 감칠맛 등 다섯 가지만 이 맛들이 후각과 결합하면 다채로운 오만가지 맛의 향연을 느낄 수 있다.

지글지글한 그릴 위에서 잘 구워진 스테이크 냄새, 더운 여름날 시원한 맥주 한잔에 곁들일 마른오징어를 구울 때 나는 그 특유의 냄새, 맛있는 훈제 요리의 냄새에서 상큼한 와인의 향까지…. 도대체 이런 맛있는 냄새들의 정체는 무엇일까?

스테이크, 치즈, 커피의
메일라드 반응

SNS에서 '스테이크 맛있게 굽는 법'을 검색해보면 취향에 맞는 다양한 레시피를 발견할 수 있다. 그중 가장 자주 눈에 띄는 용어 하나가 바로 '메일라드 반응Maillard Reaction'이다.

메일라드 반응은 1912년 프랑스의 의사이자 화학자였던 루이 카미유 메일라드Louis Camille Maillard가 인체 세포 속에서 단백질의 구성 성분인 아미노산과 포도당이나 과당 같은 당의 반응을 연구하다 발견했다. 이후 본인의 학문적 의도나 의지와는 전혀 상관없이 전 세계인이 맛있는 스테이크를 먹을 때 이 용어가 소환되는 재미있는 상황이 벌어지게 되었다.

사실 메일라드 반응은 스테이크 외에도 우리 인류가 음식을 불에 익혀 먹기 시작한 이래 대부분의 식품에서 발생하는 생활 속 화학 반응이다. 이 화학 반응은 식품의 색과 향기, 맛 등에 관여한다.

육류는 단백질로 구성되어 있지만, 우리가 느끼는 고기의 맛은 단백질의 맛이 아니다. 단백질 분자는 맛을 느끼기에 너무 크다. 고기에 열이 가해지면 메일라드 반응이 일어나면서 육류 단백질이 우리가 맛을 느낄 수 있는 작은 분자로 변한다.

똑같은 재료로 요리해도 요리하는 사람에 따라 음식의 맛이 다른데 이 요리 실력의 차이 또한 메일라드 반응과 관련 있다. 현재까지 발견된 메일라드 반응으로 만들어지는 분자는 1천 가지가 넘고 분자마다 풍미가 다르다. 같은 재료로 요리하더라도 온도와 환경에 따라 다양한 분자가 생성되기 때문에 음식의 맛과 향이 모두 다르다. 요리를 잘하는 사람은 맛있는 향미를 내는 분자를 만드는 환경과 조건을 조리 과정에서 자연스럽게 습득했다고 할 수 있다.

당은 어떤 종류의 단백질과 반응하느냐에 따라 다양한 음식 향이 난다. 당이 아미노산 중 하나인 시스테인Cysteine과 반응하면 고기 향이, 또 다른 아미노산인 류신Leucine과 반응하면 초콜릿 향이, 역시 아미노산인 아르기닌Arginine과 반응하면 팝콘 향이 난다.

메일라드 반응이 일어나려면 열이 필요하다. 맛있는 고기의 맛을 느끼기 위한 불의 온도는 130~200도가 적당하며, 온도가 그 이상 올라갈 경우에는 표면이 타면서 발암 물질이 생길 수 있다.

고기에 열을 가하면 지방이 가장 먼저 분해되고 휘발성 물질이 날아가면서 냄새가 난다. 아미노산이나 단백질만 가열했을 때 생성되는 물질에서는 별로 좋은 냄새가 나지 않는다. 하지만 고기 속에 함유된 아미노산과 과당·포도당·맥아당 등의 환원당과 작용하면 갈색의 중합체인 멜라노이딘Melanoidine이 만들어지는데 이것이 고소한 냄새를 풍긴다. 멜라노이딘은 강력한 항산화 작용과 암 예방 물질로 잘 알려져 있다.

멜라노이딘의 색소 때문에 식품의 색깔이 갈색으로 변한다. 그래서 이

할루미(Haloumi) 치즈 요리. 치즈를 구우면 메일라드 반응이 일어나 치즈가 갈색으로 변한다.

를 처음에는 '갈변화 현상'이라고 하다가 1947년경부터 메일라드 반응이라고 부르기 시작했다.

치즈를 구우면 갈색으로 변하여 구수한 냄새가 나는 것도 메일라드 반응이다. 치즈 속의 류신이나 이소루신Isoleucine이 포도당과 함께 가열되어 반응한 것이다.

커피 원두의 로스팅 과정에서 녹색의 생두가 갈색의 원두로 변하며 구수한 향이 나는 것도 역시 대표적인 메일라드 반응이다. 이외에도 프라이드 치킨, 바삭하고 구수한 누룽지, 감자칩에서 맥주에 이르기까지 맛있는 냄새가 나는 곳에는 메일라드 반응이 일어나고 있다.

'한 잔 더'를 부르는
구운 오징어 냄새의 타우린

오징어, 낙지, 주꾸미 등의 구이 요리는 담백한 맛에 씹는 식감이 좋아 술안주로 오랫동안 애주가들의 사랑을 받아오고 있다. 특히 오징어를 구울 때 나는 구수한 냄새는 입맛은 물론 술맛을 자극해 '한 잔 더'를 외치게 만든다. 이 맛있고 구수한 냄새는 오징어에 함유된 타우린Taurine이 다른 질소화합물과 반응해 생긴 결과다.

타우린은 오스트리아 화학자 프리드리히 티드만Friedrich Tiedemann과 레오폴트 그멜린Leopold Gmelin이 1827년 세계 최초로 소의 담즙에서 분리했다. 타우린의 정확한 화학명은 2-아미노에탄설폰산2-Aminoethanesulfonic

오징어 구이의 구수한 냄새가 일품인 이유는 타우린이라는 성분 때문이다.

Acid이며 타우린이란 이름은 1938년부터 사용되었다. 타우린은 오징어와 낙지, 주꾸미, 굴, 가리비 같은 해산물에 특히 풍부하다.

아미노산의 일종인 타우린은 피로 회복제, 자양강장 음료의 주요 성분으로 잘 알려져 있다. 세포 안정화를 촉진해 신체의 면역 기능 강화와 항산화 기능 조절에 도움을 주고, 간의 해독 작용, 혈압 안정화에 효과가 있다. 콜레스테롤을 낮추며, 체내의 리듬 조절에 이로운 작용을 하여 피로에 지친 현대인이 즐겨 찾는 영양 성분이 되었다. 피트니스를 하며 산소 운반과 신체 사용 능력을 향상시키기 위해 타우린 보충제를 먹는 사람도 많다.

타우린은 뇌에서 발견되는 가바GABA 수용체에 결합하여 중추 신경계를 조절하고 진정시켜 불안과 스트레스를 완화하는 데도 도움을 준다. 일본군이 태평양 전쟁 때 비행기 자살 폭탄 특공대에게 타우린을 먹인 이유다.

평소 건강한 상태라면 우리 몸은 필요한 타우린을 매일 스스로 생산한다. 하지만 다양한 이유로 타우린 결핍 상태가 될 수 있다. 당뇨병, 암, 심부전 같은 질환과 과도한 비건 식단은 타우린 결핍에 영향을 준다. 또한 가공식품의 과다 섭취도 결핍의 원인이 될 수 있다. 가공식품 속 글루탐산나트륨MSG이 타우린을 분해하기 때문이다.

훈제와 발효의 냄새에서 찾은 화학

이 밖에 훈제 연어, 훈제 오리고기, 훈제 닭고기 등 훈제 요리의 독특한 냄새는 훈연 과정에서 참나무 등의 연기에서 나오는 메탄올, 초산, 페놀, 피리딘 유도체 등의 향에서 비롯된 것이다.

간장, 된장 같은 발효 식품은 발효 과정에서 발생하는 알데히드, 암모니아, 에스테르, 케톤, 페놀, 테르펜, 아민류, 메탄올 같은 물질의 영향으로 고유한 냄새를 풍긴다. 청국장의 냄새는 발효에 관여하는 고초균이 단백질을 아미노산으로 분해하는 과정에서 발생하는 암모니아와 이소부티르산, 이소발레르산 같은 물질 때문에 난다. 된장에서 나는 고소한 냄새의

훈연 과정에서 나무의 연기 향이 음식에 특유의 냄새를 배게 한다.

주요 인자는 피라진류며 쿰쿰한 냄새는 낙산Butyric Acid과 길초산3-Methyl Butanoic Acid 때문이다. 된장은 콩의 품종과 저장 기간에 따라서 냄새가 달라지는데, 된장의 세계화와 젊은 층의 니즈를 겨냥하여 불쾌한 냄새가 나지 않는 된장을 개발하려는 노력이 이어지고 있다.

음식에 관한
재미있는 틈새 지식

우리가 즐겨 먹는 크루아상과 베이글, 비엔나커피는 1600년대부터 유럽인이 먹었다는 기록이 남아 있고, 뉴질랜드를 대표하는 과일 키위는 중국이 원산지다. 이렇듯 음식만 잘 알아도 역사, 문화, 언어 등 여러 분야의 유용한 지식을 충분히 쌓을 수 있다. 이제부터 음식에 관한 재미난 이야기를 살펴보자.

특별한 스파클링 와인, 샴페인

스파클링 와인은 발포성 와인 전반을 말하며, 샴페인Champagne은 프랑스의 샹파뉴Champagne 지방에서 만들어진 스파클링 와인 중 하나다. 그런데 스파클링 와인이 샴페인으로 불리려면 엄격한 기준을 충족해야만 한다. 지역이 특정되는 것은 물론 포도 품종에서부터 재배, 양조, 발효 등 제조 과정에 대한 세세한 규정들이 지켜져야 품질 검사를 통과할 수 있다.

샹파뉴 지방에서 만들어지지 않았거나, 샹파뉴 지방에서 만들어졌어도 기준을 충족하지 못한 제품에는 샴페인이라는 이름을 붙일 수 없다는 소리다. 샹파뉴 지역 외의 프랑스에서 생산된 스파클링 와인은 뱅 무쉐Vin Mousseux, 또는 크레망Cremant이라고 불린다.

프랑스 샹파뉴 지방의 포도밭 풍경. 이 지방에서 재배된 포도로 만들어진 스파클링 와인만 샴페인이라고 이름 붙일 수 있다.

스파클링 와인을 부르는 명칭은 나라별로 다르다. 이탈리아에서는 스푸만테Spumante라고 하고, 그중 탄산이 약한 스파클링 와인을 프리잔테Frizzante라고 한다.

독일에서는 '거품 와인'이란 뜻의 샤움바인Schaumwein이라고 부른다. 샤움바인 중에 샴페인처럼 특정 기준을 충족한 것을 크발리테츠샤움바인Qualitätsschaumwein이라고 하는데 보통은 이를 줄여서 젝트Sekt라고 한다. 그리고 약발포성 와인은 페를바인Perlwein이라고 한다.

스페인에서는 에스푸모소Espumoso라고 하며, 특정 제조법 등의 기준을 충족한 것은 카바Cava라고 칭한다.

포르투갈에서는 비뉴 에스푸만테Vinho Espumante라고 한다.

비엔나에는 없는 비엔나커피

'붕어빵에는 붕어가 없고, 비엔나에는 비엔나커피가 없다'는 농담을
흔히 하는데 사실 이 말은 '비엔나커피라는 용어가 없다'라고 해야 맞다.

뜨거운 물과 에스프레소에 휘핑크림을 듬뿍 올린 비엔나커피는 오
스트리아의 수도 빈(비엔나)에서 유래했으며 1600년경부터 지금까지 오
랜 기간 많은 사랑을 받아오고 있다. 빈에서는 비엔나커피를 아이슈펜나
Einspänner라고 부른다. 원래는 '한 마리 말이 끄는 마차'라는 뜻이다. 빈의
극장 부근에서 대기하던 마차 마부들이 즐겨 마신 것이 이 커피의 유래다.
당시 마부들은 한 손으로는 고삐를 잡고 다른 한 손으로 커피를 마셨는데
뜨거운 커피가 흘러넘치지 않도록 커피 위에 생크림을 덮었다.

오스트리아에서 유래된 아이슈펜나, 우리나라에
서는 일명 비엔나커피라고 불린다.

한편 비엔나를 방문한 한국 관광객이 하도 많이 비엔나커피를 찾는 바람에 관광지의 카페에서는 아예 메뉴판에 아이슈펜나를 비엔나커피라고 표기하기도 한다.

뉴질랜드 키위의 고향은 중국?

키위 하면 대부분 원산지를 뉴질랜드로 알고 있을 것이다. 하지만 키위의 원산지는 중국 양쯔강 연안이다.

키위는 본래 야생 열매였다. 그러던 것을 1904년 선교사 이사벨 프레이저Isabel Fraser가 중국 후베이성 이창시에서 키위의 야생 종자를 가지고 뉴질랜드로 돌아가 본격적으로 재배하기 시작했다. 뉴질랜드의 기후와 풍토는 키위를 재배하기에 적당했고, 오랜 품종 개량 끝에 현재와 같은 당도가 높고 맛있는 키위가 탄생했다.

키위의 영어 이름은 원래 차이니즈 구즈베리Chinese Gooseberry였는데, 1950년대 뉴질랜드가 미국으로 수출을 하기 시작하면서 이름을 바꾸었다. 당시 한국 전쟁 등으

뉴질랜드 국조, 키위.

로 미국과 중국의 사이가 좋지 않았기 때문이다. 차이니즈 구즈베리의 모습이 짧은 갈색 털로 덮인 뉴질랜드 국조國鳥인 키위를 닮은 데서 착안해 새롭게 키위라고 이름 붙였다. 뉴질랜드에서만 사는 키위는 날개와 꼬리가 거의 퇴화하여 날지 못하며 꽁지도 없다.

타르타르소스,
타르타르의 의미는?

연어 스테이크 등을 먹을 때 함께 곁들이는 타르타르소스는 마요네즈를 기본으로 양파와 파슬리, 피클, 삶은 달걀 등의 재료를 잘게 다져서 만든다.

타르타르의 어원은 중앙아시아의 유목민인 타타르족이라는 설이 유력하다. 우리에게는 돌궐, 흉노족으로 익숙한 이 유목인을 과거에 로마인은 타타르Tartars라고 불렀다. 타타르는 로마인에게 공포의 대상이었던 타타르족의 말발굽 소리에서 유래되었다는 이야기도 있고, 그리스 신화에 등장하는 최하층 지옥인 타르타로스Tartarus에서 유래되었다는 이야기도 있다.

프랑스에는 '스테이크 타르타르'라는 요리가 있다. 스테이크 타르타르는 소고기나 말고기 등의 날고기를 다지거나 갈아서 양파, 차이브, 레몬즙, 달걀노른자 등을 곁들이는 음식으로 우리의 육회와 상당히 비슷하다. 스테이크 타르타르는 타타르족이 생 말고기와 각종 채소를 잘게 다져 먹던 것이 슬라브족을 거쳐 유럽에 전해진 음식이라고 한다.

브라우니 케이크는 요정으로부터

브라우니는 소프트 쿠키와 스펀지케이크의 중간 정도 되는 촉촉함과 찐한 초콜릿 향미가 특색인 사각 케이크다. 미국에서는 가정마다 자신들만의 특별한 레시피가 있다고 할 정도로, 호두와 땅콩 등 견과류에서부터 말린 과일과 초콜릿 칩, 커피, 때로는 생크림이나 아이스크림까지 재료로 활용해 다양하게 만들어 먹는다.

브라우니라는 이름은 스코틀랜드를 비롯한 서양에서 전해져 내려오는 브라우니 요정으로부터 왔다. 초콜릿이 들어가 갈색인 케이크의 모습이 어린아이 같은 작은 체구에 갈색 털로 가득한 브라우니 요정과 비슷해

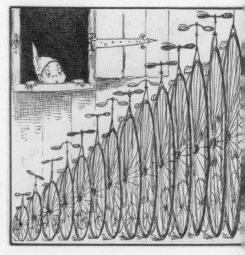

유럽인들의 그림에 등장하는 다양한 모습의 브라우니 요정.

서다. 설화 속에서 브라우니는 인가에 숨어 살며 모두 잠든 밤중에 빨래와 청소 같은 집안일을 해놓는다. 마치 우리나라 옛이야기의 우렁각시와 비슷하다.

베이글과 크루아상에 얽힌 유럽사

1999년 12월 『월스트리트저널』은 새로운 천 년을 맞이하는 기획 기사에서 '지난 1천 년 동안의 10대 발명품'으로 종이, 나침반 등과 함께 베이글을 뽑았다. 건강에 좋고 먹기 간편하다는 것이 선정 이유였다. 베이글은 다른 빵들과 달리 계란, 우유 등을 사용하지 않고 밀가루와 이스트, 물, 소금만으로 만들기 때문에 열량이 낮아 다이어트식으로 인기가 높다. 굽기 전에 밀가루 반죽을 살짝 데치는 과정이 베이글 특유의 쫄깃한 식감의 비법이다.

프랑스어로 초승달을 의미하는 크루아상Croissants 또한 바싹하고 노릇하게 구워진 껍질과 겹겹이 층을 이룬 속의 폭신한 식감으로 많은 사람의 사랑을 받는다. 씹을수록 버터의 고소한 맛이 돌아 프랑스인이 아침 식사로 즐겨 찾는다.

베이글과 크루아상의 유래에는 유럽의 역사와 얽힌 이야기가 많고, 특히 두 빵이 함께 등장하는 설도 있어서 여기에 소개한다.

첫 번째는 1683년 오스트리아와 오스만튀르크(현재의 터키) 간에 벌어진 빈 전투Battle of Vienna와 크루아상 이야기다. 이 전투는 이슬람의 유럽

침공을 저지한 사건으로 유럽사에서 큰 의미가 있다.

1683년 7월 14일 오스만의 15만 대군은 오스트리아를 침공해 장기전을 염두에 두고 빈성城을 포위했다. 당시 오스트리아는 30년 전쟁을 치르느라 국력이 쇠했고 군사도 오스만의 10분의 1밖에 되지 않았다. 이에 오스트리아의 레오폴트 1세는 인근 가톨릭 국가들에 지원을 요청하고 기다렸다. 그러자 오스만은 큰 싸움을 피하며 부분적인 기습으로 오스트리아군을 지치게 하고 외부로부터 물자 공급을 완전히 차단해 오스트리아가 스스로 무너지게 하려고 했다. 이와 동시에 오스만은 성벽 아래로 땅굴을 파서 침입을 시도했는데, 우연히 한 제빵사가 한밤중에 밀가루를 가지러 지하실에 갔다가 갱도를 파는 소리를 듣고 수비군에게 알려 오스만의 공격을 막아냈다. 그리고 그 공로에 대한 보답으로 자신의 빵집에 오스트리아 합스부르크 왕가의 문양을 사용할 수 있는 권리를 얻었다. 이에 제빵사는 오스만군을 상징하는 초승달 모양의 빵을 만들었다. 한마디로 '오스만을 씹어 먹는다'는 의미가 깃든 빵이었다. 바로 이 빵이 크루아상이란 설이 있다. 그 후 프랑스 루이 16세와 결혼한 합스부르크의 공주 마리 앙투아네트가 고향에서 먹던 크루아상의 맛을 그리워하다 오스트리아의 제빵사들을 파리로 데려왔고, 프랑스에 점차 크루아상이 퍼졌다고 한다.

두 번째는 오스트리아와 크루아상의 또 다른 유래다. 일설에 따르면 12세기 무렵부터 오스트리아의 수도원에서는 부활절에 키펄Kipferl이라는 초승달 모양의 페이스트리를 구웠다. 그러다 1839년경 오스트리아 출신의 한 장교가 파리에 제과점을 열어 고국의 빵인 키펄을 만들어 팔던 것이 오늘날 크루아상으로 발전했다고 한다.

초승달 모양의 프랑스 빵, 크루아상. 크루아상은 프랑스어로 초승달이라는 뜻이다.

세 번째는 빈 전투와 베이글 이야기다. 다시 빈 전투로 돌아가자. 오스만군과 대치 상황에 있던 오스트리아군은 성안의 식량이 떨어져가는 데다 피곤과 배고픔이 극에 달했다. 결국 빈은 함락 직전에 이른다. 그러다 1683년 9월 6일 오스트리아에 드디어 구세주가 등장했으니, 최강의 기병대인 윙드 후사르Winged Hussars를 앞세운 폴란드의 왕 얀 3세 소비에스키가 이끄는 군대였다. 역사상 최대의 기병전으로 기록된 이 전투에서 연합군은 오스만을 물리쳤고, 이를 계기로 전쟁의 주도권을 완전히 거머쥐었다. 이 일에 감사해하며 한 유대인 제빵사가 폴란드 왕에게 기병대의 상징인 말등자(발걸이) 모양의 빵을 만들어 바쳤다. 그래서 빵에 등자, 고리 등을 뜻하는 뷔우겔Böugel이라는 이름(11~15세기 사용된 중세 고지 독일어)이 붙여졌고, 이 이름이 세월이 흐르면서 베이글로 바뀌었다고 한다.

네 번째는 폴란드와 베이글 이야기다. 폴란드 크라쿠프 지역에 있는 유대인 공동체의 1610년경 조례에는 베이글이 언급되어 있다고 한다. 이를 통해 유대인 제빵사들이 베이글을 만들었고 유대인이 많이 살았던 폴란드, 리투아니아에서 베이글을 즐겨 먹었음을 추측할 수 있다는 것이다. 재미있게도 얀 3세 소비에스키의 아버지 야쿠프 소비에스키는 크라쿠프의 성주였다. 비록 베이글의 정확한 유래는 알 수 없지만, 어쨌든 크라쿠프와 얀 3세 소비에스키 사이에는 묘한 연결고리가 있다.

여러 가지
술에 대한 상식

위스키, 브랜디, 보드카, 럼, 데킬라…. 비슷한 듯 다른 이 술들의 차이는 무엇일까? 결론부터 말하면 이 술들은 모두 증류주에 속하고 그 재료에 따라 구분된다.

증류주는 효모를 이용해 곡류, 과일 등 다양한 원재료를 발효시켜 만든 술인 양조주를 한 번 더 끓여서 만든 알코올 도수를 높인 독한 술이다. 하나씩 자세히 살펴보자.

위스키

위스키Wisky는 맥아(곡류), 주로 보리를 발효시킨 후 증류해 얻은 무색 투명한 술을 오크통에 넣어 오랫동안 숙성시킨 술이다. 오크통은 참나무로 만든 항아리 모양의 양조용 나무통인데, 숙성 과정에서 오크통의 성분이 스며서 위스키에 은은한 갈색빛이 돌게 된다. 오크통 속의 위스키 원액은 1년에 평균 약 2퍼센트가 자연 증발되며 흔히 이를 '천사의 몫Angel's Share'이라고 표현한다.

위스키는 산지별로도 구분된다. 가장 잘 알려진 것은 스코틀랜드 지방에서 증류해 만든 스카치위스키다. 그 외에 아일랜드산, 미국산 위스키도 유명하다.

가장 대표적인 증류주. 왼쪽부터 위스키, 브랜디, 보드카, 럼, 데킬라다.

위스키 브랜드에는 조니워커, 발렌타인, 잭 다니엘, 시바스 리갈, 로얄 살루트 등 우리에게 익숙한 이름이 많다. 위스키 제품명 뒤에 붙는 '12년', '17년', '30년' 같은 숫자는 위스키 원액의 숙성 연도로 연수가 높을수록 맛이 좋아질뿐더러 귀하고 비싸다.

골프와 위스키 사이에는 재미있는 일화가 있다. 1858년 세계 최초의 골프 클럽인 세인트앤드루스클럽St. Andrews Club에서 골프 1라운드의 홀의 수를 놓고 관계자들 사이에 열띤 토론이 벌어졌다. 그때 한 원로가 "나는 한 홀을 돌 때마다 위스키를 한 잔씩 마시는데 위스키 18잔을 마시면 한 병이 비워지더군. 그러니 한 라운드를 18홀로 하는 것이 어떻겠소?"라고 제안했고, 이후로 모든 골프 경기의 한 라운드는 18홀이 되었다고 한다.

증류주를 숙성할 때 사용되는 오크통.

브랜디

브랜디Brandy는 넓게는 과일주를 증류하여 만든 술을 뜻하며 주로 포도주를 증류하여 오크통에서 숙성시켜 만든다. 브랜디는 블랜디와인Brandywine의 줄임말로, 불에 태운 포도주를 뜻하는 네덜란드어 브란데베인Brandewijn에서 유래했다. 프랑스에서는 오드비Eaux-de-vie라고 부른다.

브랜드의 기원에는 몇 가지 설이 있다. 프랑스에서 벌어진 위그노 전쟁(1562~1598)으로 포도밭이 황폐화되었고 포도의 품질이 나빠 와인의 맛이 형편없게 되자 네덜란드 상인들이 와인을 증류시켜 먹기 시작한 것이 블랜디의 시작이라는 설이 있다.

또 다른 설은 이렇다. 와인 무역을 하던 어느 네덜란드 상인이 중량당

내던 세금을 줄이기 위해 와인을 증류시켜 부피를 줄인 뒤 배에 실었다. 목적지에 도착해서는 증류주에 다시 물을 섞어 와인으로 만들었는데, 그 과정에서 고급스러운 맛의 새로운 술 브랜디가 탄생했다는 것이다.

브랜디는 주로 포도주로 만들다 보니 유명 와인 산지에서 만들어지는 경우가 많은데 그중 프랑스의 꼬냑과 아르마냑산이 유명하다.

보드카

보드카Vodka는 러시아의 대표적인 증류주로 전분이나 당류를 포함한 작물로 만들며 색과 향이 없는 것이 특징이다. 주로 감자를 이용하여 만들며 옥수수, 밀 등 다양한 재료로도 만들어진다. 보드카는 러시아 보드카가 가장 유명하지만 폴란드도 러시아 못지않은 훌륭한 보드카 생산국이다.

특히 폴란드의 스피리터스Spirytus는 알코올 도수 96도의 지구상 최강의 술로 유명하다. 소독용 에탄올이 80도 정도임을 감안하면 사망 사고에 이를 수 있는 치명적 위험이 있다 하겠다. 우리나라에서는 당연히(!) 이 술을 구매할 수 없다.

보드카의 어원은 물water이라는 말과 관련이 있다. 물을 뜻하는 폴란드어 woda('보다'라고 발음)와 러시아어 ВОДЫ('보디'라고 발음)에서 유래한 것으로 보는 시각이 많다. 중세 유럽에 흑사병이 유행할 때 의료용으로 쓰이면서 보드카는 '생명의 물'이라고 불리기도 했다.

우리나라에서는 깔끔한 맛뿐만 아니라 그 디자인으로 한 분위기 값 하는 스웨덴의 앱솔루트가 유명하고, 스미노프(그린애플)도 큰 사랑을 받고 있다.

럼

흔히 럼주라고 불리는 럼Rum은 '해적의 술'이다. 영화「캐리비안의 해적」에서도 럼주를 너무나 사랑하는 잭 스페로우를 만나볼 수 있다. 럼은 사탕수수를 착즙하여 발효시킨 뒤 증류한 술이다. 캐리비안, 카리브해가 주산지며 식민지 노예의 노동력으로 생산되던 아픔의 역사를 품고 있는 술이다.

해적이 등장하는 그림 등에는 럼이 거의 빠지지 않는다. 19세기에 그려진「해적의 회의(The Pirate's Council)」

해적이 럼을 사랑한 데는 현실적인 이유가 있었다. 먼 항해를 떠날 때 물은 필수지만 오래 두면 상해서 대신 술을 잔뜩 실었다. 그런데 맥주와 와인은 낮은 도수 때문에 장기 보관이 어려웠고 위스키와 브랜디는 너무 비싸서 결국 저렴하면서도 알콜 도수가 높은 럼을 선택할 수밖에 없었다.

럼 중에는 알코올 도수가 75.5도인 바카디가 특히 유명하며, 하바나 클럽과 마투살렘 등도 인지도가 높다. 우리나라에서는 동네 아저씨들이 자주 마시던 추억의 캡틴큐가 바로 럼이다.

진

진Gin은 호밀 등 곡물을 발효시킨 뒤 주니퍼베리(노간주나무 열매)로 소나무 향 비슷한 독특한 향을 내는 술로 우리나라에서는 주로 마티니나 진토닉 등의 칵테일로 마신다. 네덜란드에서 이뇨 작용과 해열을 돕기 위해 쥬네브레Genievre란 이름의 의약품으로 만들어진 것이 영국으로 건너가 오늘날의 진이 되었다.

원래 영국에서 가장 대중적으로 가장 소비가 많은 술은 럼이었다. 하지만 카리브해 식민지를 프랑스에 빼앗기며 사탕수수 공급에 어려움을 겪자 영국인은 그 대안으로 숙성 기간이 필요 없고 호밀 등 값싼 곡물로 대량 생산할 수 있는 진을 마시기 시작했다. 이후 네덜란드의 향 좋은 약용주는 영국에서 무색무취의 싸고 독한 술의 대명사가 되어 수많은 알코올 중독자를 양산해 큰 사회문제가 되었다.

대표적인 칵테일 진토닉Gin and Tonic은 말라리아를 치료하는 과정에서 탄생했다. 말라리아는 주로 열대 지방에서 발생하는 열병인데 한자 문화권에서는 예로부터 '학질'이라고 불렸다. 퀴나나무의 퀴닌Quinine이라는 성분은 말라리아를 예방하고 열을 내리는 데 효과가 있지만 맛이 워낙 쓰고 고약해서 복용하기 쉽지가 않았다. 그래서 퀴닌을 주니퍼베리 향이 나는 진과 탄산수에 함께 타서 마시기 시작한 것이 진토닉이다.

데킬라

데킬라Tequila는 선인장의 한 종류인 용설란의 수액을 증류하여 만든 멕시코의 대표적인 술이다. '데킬라'라는 명칭을 사용하기 위해서는 반드

멕시코 용설란 농장의 풍경.

시 제품이 멕시코 중부 할리스코주의 데킬라 마을에서 생산되어야 하고 재료로 웨버블루 아가베Weber-Blue Agave만 사용해야 한다. 다른 종류의 아가베를 사용한 경우는 메즈칼Mescal이라고 부른다.

마시는 방법에 따라서 흔히 슬래머, 슈터, 바디샷으로 즐기는데 어떻게 마시든 멕시코의 열정을 느낄 수 있는 술이다.

올바른 약 복용법

의학 기술이 발달하면서 병을 다스릴 수 있는 다양한 약이 개발되어 보급되었다. 약의 약효를 높이고 부작용을 최소화하려면 올바른 복용법에 따라 규칙적으로 복용해야 한다.

약은 식후·식전·취침 전 중에 언제 먹는 것이 올바른 복용법일까? 물 대신 우유나 주스와 함께 먹어도 괜찮은 걸까? 알쏭달쏭한 약의 복용법을 제대로 알아보자.

식후에 복용하는 약

대부분의 약은 식후에 먹는 것이 좋다. 약은 체내에서 흡수, 분포, 대사, 배설 등 4단계를 거치는데, 식후에 약을 복용하면 음식이 위 점막을 보호하여 속 쓰림 증상 같은 부작용을 줄일 수 있다.

소염진통제(이부프로펜, 디클로페낙 성분), 철분제, 무좀 치료제(이트라코나졸 성분)는 공복 복용 시 위벽의 보호층을 얇게 만들어 위장 장애를 일으킬 수 있기 때문에 식후에 먹는 것이 좋다.

오르리스타트 성분의 비만 치료제도 마찬가지다. 섭취한 음식의 지방 성분이 체내에 흡수되지 않도록 하는 약효를 높이기 위해 음식물이 흡수되는 식후에 복용한다.

식전에 복용하는 약

위장 내에서 젤을 형성하여 위 점막을 보호하는 위장약(수크랄페이트 성분)은 식전에 복용하여 식사 시에 분비되는 위산과 음식물 등으로부터 위 점막을 보호해야 한다.

당뇨병 치료제(설포닐우레아계)도 식전에 복용하면 인슐린 분비를 촉진하여 식사 후 혈당이 급격히 올라가는 것을 막을 수 있다.

위에서 음식물이 소화될 때 산성 성분의 효소가 활성화되는데, 골다공증 치료제(비스포스포네이트계)는 산성 환경에 취약하다. 따라서 이 약 또한 식전에 복용해야 한다.

취침 전에 복용하는 약

재채기, 코막힘, 가려움, 눈 따가움 등 알레르기성 비염의 증상을 치료할 때 사용되는 항히스타민제는 졸음을 유발한다. 복용 후 운전, 기계 등 조작 시 사고를 유발할 수 있으므로 취침 전 복용하는 것이 바람직하다.

변비약(비사코딜 성분)은 복용 후 약효가 나타나기까지 일고여덟 시간이 걸린다. 따라서 취침 전에 복용하면 아침에 배변 효과를 기대할 수 있다.

고지혈증 치료제(심바스타틴 성분)는 콜레스테롤을 합성하는 효소에 작용해 합성 자체를 막는다. 일반적으로 콜레스테롤의 합성은 자정에서 새벽 2시 사이에 가장 활발히 이루어지므로 저녁과 취침 전 사이에 약을 먹으면 약효를 극대화할 수 있다.

고혈압 치료제(암로디핀, 칸데사르탄 성분)는 식사 전후와 관계없이 복용할 수 있으나 혈압이 주로 아침에 올라가는 것을 감안하면 아침에 먹는 것이 좋다.

식후 30분 복용의 비밀

약 복용법 중에 가장 흔한 것이 식후 30분 뒤에 먹으라는 말이다. 그런데 여기서 30분이란 시간의 의학적 근거는 부족한 편이다. 식품의약품안전처나 해외의 복약 기준 사례에서도 그 근거를 찾아볼 수 없으니 말이다. 그렇다면 왜 식후 30분이라는 복용법이 일반화되었을까?

약의 효과는 약 성분의 혈중 농도와 연관이 깊다. 약이 흡수되어 몸속에서 일정하게 약물 농도를 유지하려면 규칙성이 전제되어야 한다. 대부분의 약이 효과적인 혈중 농도를 유지하는 시간은 대여섯 시간이다. 이는 식사 간격과 거의 일치한다. 결국 식후 30분이라는 복용법은 규칙적인 약 복용을 위한 것이다.

즉 식후 30분 뒤에 약을 먹는 것이 중요한 게 아니라 일상에서 가장 꾸준한 패턴의 대표 격인 식사를 통해 잊지 않고 꾸준히 약을 먹을 수 있도록 하기 위해 이런 복용법이 일반화되었다 볼 수 있다. 그러므로 식사 후 30분을 기다리다 약 먹는 걸 깜빡하는 사람이라면 차라리 식사 직후에 약을 바로 먹는 것이 낫다.

음식과 약의 궁합

우유

항생제와 변비 치료제는 우유와 함께 먹으면 좋지 않고, 진통제 종류는 우유와 함께 먹으면 좋다.

아스피린 등의 진통제는 위를 자극하기 때문에 우유와 함께 먹으면 위 손상을 줄일 수 있다. 반면 우유는 약알칼리성으로 위산을 중화시키기 때문에 장까지 가야 하는 변비 치료제를 위에서 녹이며, 그로 인해 약효가 떨어지고 복통을 일으킬 수 있다. 항생제와 항진균제 중에도 우유와 함께 복용하면 우유가 약의 흡수를 방해하는 것이 있으니 주의해야 한다.

우유, 자몽은 상극인 약이 있으니 복용 시 반드시 주의가 필요하다.

오렌지·오렌지주스

위산을 중화시켜 속 쓰림을 줄여주는 겔포스, 알마겔과 같은 제산제에는 알루미늄 성분이 든 것이 많다. 일반적으로 제산제의 알루미늄 성분은 체내에 흡수되지 않고 제산 기능만 한 뒤 배출된다. 하지만 오렌지 주스와 함께 먹으면 체내에 흡수될 수 있다. 또 제산제는 산도를 낮추는 역할을 하기에 산도가 높은 과일, 과일 음료 등은 제산제를 먹은 뒤 적어도 서너 시간 뒤에 섭취하는 게 좋다.

자몽

정신질환 치료제인 항불안제와 고지혈증 치료제를 먹는 사람에게 자몽은 피해야 할 과일이다. 자몽의 쓴맛 성분은 약 성분이 간에서 분해되는 것을 방해하기 때문이다. 결국 항불안제, 고지혈증 치료제와 자몽을 함께 먹으면 약이 분해되지 않아 약효가 과도해지는 문제가 발생한다.

고혈압 치료제와 칼륨

고혈압 치료제를 먹는 사람은 과일 채소 섭취에 주의를 기울여야 한다. 고혈압 치료제 대부분은 칼륨의 양을 늘리는 것이 많은데 여기에 칼륨이 듬뿍 든 음식까지 다량 섭취하면 체내에 칼륨이 너무 과도해질 위험이 있다. 칼륨이 풍부한 음식은 바나나, 오렌지, 토마토를 비롯해 시금치 등의 푸른잎 채소 등이 있다.

녹색 채소에는 비타민 K가 많은데 항응고제의 정반대 역할을 한다.

녹색 채소 및 기호식품과 상극인 약

항응고제를 먹는 사람은 비타민 K 섭취를 피해야 한다. 항응고제는 혈액이 굳지 않게 해주는 약인데 비타민 K는 혈액을 응고시키는 성질이 있어 항응고제와 정반대의 역할을 한다. 비타민 K가 많은 음식에는 양배추, 아스파라거스, 케일 등의 녹색 채소와 간, 녹차, 콩 등이 있다.

한편 커피, 콜라, 초콜릿 등의 기호식품은 약과 함께 먹으면 좋지 않다. 정신질환 치료제, 항생제를 먹는 사람은 기호식품에 든 카페인 때문에 부작용을 겪을 수 있다. 탄산음료에 든 인은 뼈에서 칼슘을 빼내는 역할을 하므로 골다공증 치료제를 먹는 사람은 주의해야 한다.

숫자 단위를
표현하는 용어

어떤 분야를 처음 배울 때 우리의 이해를 가로막는 가장 큰 장해물 중의 하나가 '용어'다. 알고 보면 내용은 별거 없을지언정 전문 용어처럼 들리는 낯선 용어가 등장하면 왠지 주눅 들게 마련이다.

특히 영어로 된 단위나 숫자 표현들은 더욱 그러한데 우리가 사용하는 체계와 다르기 때문이다. 우리말에서는 숫자를 만 단위로 끊는 데 비해 영어는 천 단위로 끊는다.

그리고 예전에는 조兆가 넘어가는 큰 수의 표현법은 우리나라 말로도 잘 사용할 일이 없어 사람들이 그에 해당하는 영어 표현에 굳이 관심을 두지 않았다. 하지만 오늘날 컴퓨터의 저장 용량이나 데이터 사용량이 기하급수적으로 늘어나면서 예전과 달리 이런 표현들이 우리 생활 속으로 조금씩 들어오기 시작했다.

언뜻 보면 어렵지만, 알고 나면 나름의 규칙이 있어 익히기 쉬운 수 단위의 표현들을 알아보자.

영어의 숫자 단위

영어로 100만은 one million이고 그로부터 매 1천 단위마다 billion(10억), trillion(1조) 등으로 표현한다. 이는 -illion 앞에 숫자 1, 2, 3을 뜻하는 접두사 m(ono)-, bi-, tri-가 붙은 것이다.

이후로도 1천 단위마다 접두사가 붙어서 오른쪽 표와 같이 표현된다.

참고로 숫자에는 끝이 없지만 미국의 수학자 에드워드 케스너Edward Kasner와 그의 조카 밀튼 시로타Milton Sirota는 1938년 '세상에서 가장 큰 수'에 대해 이야기하면서 구골googol과 구골플렉스googol plex라는 단위를 만들어냈다. 구골은 10의 100제곱, 구골플렉스는 10의 구골제곱이다. 이것들은 아직 공식적으로 인정받는 단위는 아니다.

한편 세계적 IT 기업명 구글Google은 구골을 잘못 사용하는 바람에 고착화된 명칭이라는 설이 있다. 구글은 세상의 모든 광대한 정보를 담겠다는 의미를 담고 있다. 이 밖에도 수학자 로널드 그레이엄Ronald Graham이 제시한 그레이엄 수Graham's Number, 철학자 아구스틴 라요Agustin Rayo의 이름을 따서 명명된 라요 수

| 숫자 단위 |

영어 표기	한글 표기	배수
quadrillion	1000조(兆)	10^{15}
quintillion	100경(京)	10^{18}
sextillion	10해(垓)	10^{21}
septillion	1자(秭)	10^{24}
octillion	1000자(秭)	10^{27}
nonillion	100양(穰)	10^{30}
decillion	10구(溝)	10^{33}
undecillion	1간(澗)	10^{36}
duodecillion	1000간(澗)	10^{39}
tredecillion	100정(正)	10^{42}
quattuordecillion	10재(載)	10^{45}
quindecillion	1극(極)	10^{48}
sexdecillion	1000극(極)	10^{51}
septendecillion	100항하사(恒河沙)	10^{54}
octodecillion	10아승기(阿僧祇),	10^{57}
novemdecillion	1나유타(那由他)	10^{60}
vigintillion	1000나유타(那由他)	10^{63}

Rayo's Number, 한 일본인이 제시한 거대 정원수Large Number Garden Number 등 새로운 개념들이 등장하고 있다.

영어의 데이터 단위

보통 사람들에게 이렇게까지 큰 숫자들은 피부에 잘 와 닿지 않을 수 있으나 이미 컴퓨터나 데이터 분야에서는 익숙하게 사용되고 있다. 사실 KB(킬로바이트), MB(메가바이트), GB(기가바이트)를 거쳐 TB(테라바이트) 수준 까지는 요즘 흔하게 사용되고 있다.

킬로(kilo, k)는 1000, 메가(mega, M)는 100만(million), 기가(giga, G)는 10억 (billion), 테라(tera, T)는 1조(trillion)를 뜻한다. 빅데이터의 시대에는 테라의 1천 배에 해당하는 페타(peta, P)가 사용될 것이다. 그 뒤로는 엑사(exa, E), 제타(zetta, Z), 요타(yotta, Y)가 이어진다.

이 같은 데이터 단위의 명칭들은 그리스어에서 왔다. 메가는 크다megas 는 뜻이고, 기가는 거인gigas, 테라는 괴물teras이다. 페타는 5를 뜻하는 그리 스어 πέντε(펜데)에서 유래했으며 10^{15}에 해당하고, 엑사 10^{18}은 6을 뜻하는 그리스어 ηεξα(이엑사)에서 왔다. 제타는 10^{21}, 요타는 10^{24}이다.

작은 수를 표현하는 말들은 다양한 언어에 어원을 두고 있다. 데시(deci, d)는 10분의 1(10^{-1})을 뜻하는 그리스어에서 왔고, 센티(centi, c)와 밀리(mili, m)는 라틴어에서 온 말로 각각 100분의 1(10^{-2})과 1천 분의 1(10^{-3})을 뜻한 다. 100만 분의 1(10^{-6})을 뜻하는 마이크로(micro, μ)는 작다는 뜻을 가진 그리스어 mikros에서 왔고 10억 분의 1(10^{-9})을 뜻하는 나노(nano, n) 역시 난쟁이를 뜻하는 고대 그리스어 nanus에서 왔다. 1조 분의 1(10^{-12})에 해당하는 피코(pico, p)는 뾰족한 부리를 뜻하는 스페인어에서, 10^{-15}을 나타내는 펨토(femto, f)와 10^{-18}을 나타내는 아토(atto, a)는 각각 15를 의미하는 덴마크어 femten와 18을 의미하는 atten에서 왔다. 젭토(zepto, z)는 10^{-21}으로 $1{,}000^{-7}$과 같은데 7을 뜻하는 프랑스어 sept 또는 라틴어 septem에서, 욕토(yocto, y)는 10^{-24}으로 $1{,}000^{-8}$인데 8을 뜻하는 그리스어 οκτώ에서 왔다.

| 데이터 단위 |

한글 표기	기호	배수
욕토	yocto, y	10^{-24}
젭토	zepto, z	10^{-21}
아토	atto, a	10^{-18}
펨토	femto, f	10^{-15}
피코	pico, p	10^{-12}
나노	nano, n	10^{-9}
마이크로	micro, μ	10^{-6}
밀리	milli, m	10^{-3}
센티	centi, c	10^{-2}
데시	deci, d	10^{-1}
데카	deca, da	10^{1}
헥토	hecto, h	10^{2}
킬로	kilo, k	10^{3}
메가	mega, M	10^{6}
기가	giga, G	10^{9}
테라	tera, T	10^{12}
페타	peta, P	10^{15}
엑사	exa, E	10^{18}
제타	zetta, Z	10^{21}
요타	yotta, Y	10^{24}

미터의
정의와 기원

역사적으로 사람들은 측량의 단위를 표준화하고 그 정확성을 높이는 데 끊임없이 노력을 기울여왔다. 기준을 표준화한다는 것은 불필요한 오해를 줄일 수 있을 뿐만 아니라 품질 개선과 능률 향상에도 핵심적인 역할을 하기 때문이다. 그래서 측량 기술의 발전은 과학 기술 발전과 아주 밀접한 관계를 맺으며 함께 발전해왔다.

표준 길이 1미터의 탄생

먼 옛날 길이를 측정하는 가장 직관적인 방법은 우리의 손, 발, 팔의 길이 혹은 보폭과 같은 인체를 기반으로 한 것이었다. 고대 메소포타미아와 이집트에서 사용된 최초의 표준 길이의 하나인 큐빗cubit은 파라오의 팔꿈치에서 중지 끝까지의 길이를 기준으로 했고, 그 길이를 화강암 막대로 만들어 표준으로 사용했다. 로마인들은 발의 보폭을 기준으로 오늘날 마일mile의 어원이 된 페이스pace를 사용했다.

오늘날 길이의 국제 표준으로 사용되는 미터meter는 프랑스 혁명(1789~1799) 중에 탄생했다. 당시 프랑스에서는 국경을 확정하고 합리적인 과세를 부과하기 위해 토지를 측량했다. 그러다 계몽사상의 영향으로 가

변적인 신체 치수에 기반을 두지 않고 세계에서 공용으로 사용할 수 있는 보편적인 측정 시스템의 필요성이 대두되었다. 혁명 정부는 객관적인 도량형의 통일이 과거 봉건 영주들이 고무줄처럼 정한 과거의 악습과 불합리성을 벗어나 자유와 평등으로 가는 길이라 여겼고, 그 결과 1790년 미터법이 입안되었다.

새로운 거리의 단위는 전 세계에서 통용 가능한 보편적인 표준이어야 했기 때문에 십진수 체계를 기반으로 하고 지구의 크기를 그 기준으로 삼았다. 그래서 북극점에서 적도까지의 거리를 1만 킬로미터로 정의하고 지구 전체 자오선 길이 4만 킬로미터를 기준으로 미터의 기준을 정했다. 즉

이집트 최초의 표준 길이 중 하나인 큐빗은 파라오의 팔에서 손까지의 길이였다.

북극점에서 적도까지 거리의 1천만 분의 1에 해당하는 거리가 1미터가
되었다.

이후로도 정확한 1미터를 구하기 위한 노력은 과학 기술의 발전과 함
께 계속되었고 그 결과 1미터의 정의도 함께 바뀌어갔다.

18세기 말의 1미터

1792년 프랑스 천문학자 피에르 메셍Pierre Méchain과 장바티스트 들랑
브르Jean-Baptiste Delambre는 파리를 지나는 자오선을 따라 여행하며 삼각

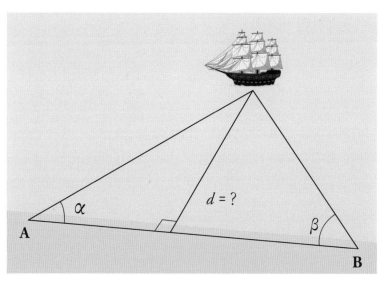

피에르 메셍과 장바티스트 들랑브르는 삼각 측량의 원리를 이용하여 됭케르크와 바르셀로나의 사이의
거리를 측정했다.

측량으로 프랑스 됭케르크와 스페인 바르셀로나 사이의 거리를 측정했다. 이후 7년간 프랑스-스페인의 전쟁, 두 사람의 반목 등 수많은 우여곡절을 겪었고, 1799년이 되어서야 프랑스는 메셍과 들랑브르의 데이터를 바탕으로 백금으로 된 '미터원기Prototype Meter'를 만들어 공포할 수 있었다. 미터원기는 1미터의 길이를 나타내도록 만들어진 자다. 이때 정의된 미터는 지구의 곡률을 계산하는 방법 등의 오류로 북극과 적도 사이의 실제 거리보다 0.2밀리미터 더 짧았지만, 당시 기술로는 상당한 정밀도를 보인 것이었다. 그 후 세계 각국에서 미터를 길이의 국제 기준으로 받아들이기까지는 오랜 시간이 걸렸다.

19세기의 1미터

프랑스가 미터법을 완성한 지 80년이 지난 1875년 5월 20일 세계 17개국이 프랑스 파리에서 미터 협약Meter Convention을 체결했다. 미터 협약에서는 미터(m)를 길이, 리터(ℓ)를 부피, 킬로그램(kg)을 무게의 세계 표준 단위로 인정하고 사용하기로 약속했다. 이로부터 매년 5월 20일은 '세계 측량의 날'로 기념되고 있다.

1889년에 열린 제1차 국제도량형총회CGPM에서는 새로운 국제 미터원기를 선보였다. 금속은 특성상 온도와 습도 등의 환경 변화에 따라 미세한 변화가 있을 수밖에 없기에 미터원기를 환경 변화에 영향을 덜 받는 금속 소재와 형상으로 변경했다. 백금(90퍼센트)과 이리듐(10퍼센트)의 합금으로 내구성을 높이고 휘어짐 등의 왜곡에 견딜 수 있도록 X자형 단면 형상으로 만든 것이다.

미터원기 자체의 길이는 1미터가 조금 넘는데 표면에 두 개의 미터원기 선을 표시한 다음 0도에서 두 중앙선 간의 거리를 1미터로 정의했다. 이로써 미터원기 끝부분에 마모 등의 미세한 손상이 있더라도 미터원기 자체를 유지할 수 있게 되었다. 미터 협약 가맹국들은 미터원기의 복사본인 부원기를 받아 동일한 측량 기준을 사용하기 시작했으며 실제 미터원기는 현재까지 프랑스 파리에 있는 국제도량형국BIPM에 보관 중이다.

20세기의 1미터

미터의 정밀 측정기술은 간섭계Interferometer를 활용하면서 비약적인 기술적 도약을 할 수 있었다. 빛의 파동이 일으키는 속성의 하나인 간섭 현상을 활용하면 길이, 온도, 압력, 뒤틀림 등을 측정할 수 있는데 이를 측정하는 장치가 바로 간섭계다.

동일한 광원에서 나오는 빛을 둘 이상으로 나누고 어느 한쪽만 매질을 통과하게 하는 등 진행 경로에 변화를 준 뒤 이 빛들을 다시 합쳐지게 하면 간섭무늬를 볼 수 있다. 이 간섭무늬의 밝고 어두운 띠들의 위치, 수 등을 통해 경로 차이의 변화량을 측정할 수 있다.

1927년 미국 국립표준기술 연구소 NIST(당시 National Bureau of Standards) 는 카드뮴 원자의 간섭 패턴을 이용해 새로운 미터의 표준으로 만드는 방안을 제안했다. 이것은 누구나 측정 장비만 있으면 카드뮴으로 미터를 측정할 수 있어 어느 나라든 쉽게 사용할 수 있고 미터원기가 소실되더라도 언제든지 재현 가능한 유용한 개념이었다.

1940년대 중반 과학자들은 카드뮴 원자를 더 안정적인 파장을 가진 수은-198로 바꾸어 정확도를 높였고 1960년에는 독일의 국립도량형 연구소 PTB Physikalisch-Technische Bundansanstalt가 제안한 크립톤으로 바꾸었다.

1960년에 열린 제11차 국제도량형총회에서는 1미터를 '크립톤-86 원자의 2p10과 5d5 사이의 전이에 해당하는 진공 중 파장의 1,650,763.73배와 같은 길이'로 새롭게 정의했다. 즉 크립톤-86이 방출하는 적황색 빛의 파장(605.78나노미터)을 기준으로 1,650,763.73을 곱한 거리가 1미터가 되었다.

1983년에 열린 제17차 국제도량형총회에서는 1미터가 '빛이 진공 상태에서 299,792,458분의 1초 동안 이동한 경로의 길이'로 새롭게 정의되었으며 정밀도도 10^{-7}에서 10^{-9}으로 100배 향상되었다. 거리는 속도에 시간을 곱한 것이다. 레이저 기술을 이용해 빛의 속도를 정확하게 계산할 수 있게 되었고 원자시계가 발명되어 시간의 정밀도가 비약적으로 높아졌기에 가능한 정의였다.

이로써 길이의 정의는 독립적인 기준이 아니라 시간 표준과 빛의 속도에 의해 파생되는 표준값을 가지게 되었다.

자동차 브랜드의 엠블럼 이야기

국민 소득이 올라가면서 우리나라에서도 수입차들을 길거리에서 쉽게 볼 수 있게 되었다. 메르세데스 벤츠처럼 누구나 딱 보면 아는 엠블럼부터 긴 가민가한 엠블럼까지 자동차의 엠블럼에는 숨은 뜻과 재미있는 이야기들이 담겨 있다.

메르세데스 벤츠

가격 면에서 더 비싼 브랜드들도 많지만 '고급 승용차'라고 하면 일반적으로 사람들은 메르세데스 벤츠를 떠올린다. 그만큼 메르세데스 벤츠 Mercedes Benz는 삼각별 하나로 그 모든 것을 대변하는 대단한 파워을 갖고 있는 브랜드다.

메르세데스 벤츠의 엠블럼은 공동 창립자 중 한 사람인 고틀리프 다임러Gottlieb Daimler가 아내에게 보낸 엽서에서 유래했다. 그는 자신이 살고 있던 집에 별을 표시하며 '언젠가 이 별이 우리 공장 위에 찬란하게 빛날 것이다'라고 써 넣은 적이 있다. 이것을 뒷날 사업을 이어받은 다임러의 두 아들이 보고 1909년 삼각별 문양을 상표로 등록했다.

자동차 엠블럼. 첫 번째 줄 왼쪽부터 메르세데스 벤츠, 페라리, 람보르기니, BMW, 포르셰, 두 번째 줄 왼쪽부터 벤틀리, 아우디, 볼보, 폭스바겐, 세 번째 줄 왼쪽부터 캐딜락, 토요타, 현대자동차의 엠블럼이다.

오늘날 메르세데스 벤츠의 삼각별의 세 꼭짓점은 하늘과 땅, 바다에 이르기까지 운송 분야에 있어서 최고가 되자는 의미를 담고 있다.

페라리

페라리Ferrari의 엠블럼은 이탈리어로 카발리노 람판테Cavallino Rampante 라고 하는데 '도약하는 말'이라는 뜻이다.

원래 이 엠블럼은 제1차 세계대전의 이탈리아의 전쟁 영웅 프란체스코 바라카Francesco Baracca의 소속 부대인 스쿠데리아 91a 부대의 휘장이었다. 엔초 페라리Enzo Ferrari는 회사를 설립하기 전 레이서로 활동했었는데 그의 레이스에 감명받은 바라카의 아버지가 페라리에게 아들의 휘장을 선물했다. 여기에 엔초 페라리의 고향, 모데나를 상징하는 노란색 바탕이 합해져서 페라리의 엠블럼이 되었다.

람보르기니

람보르기니Lamborghini의 창립자 페루초 람보르기니Ferruccio Lamborghini 는 트랙터 제조 사업의 성공을 기반으로 스포츠카 제조에 뛰어들었다. 사업 초기 엔초 페라리에게 기술적 조언을 들으려 했으나 퇴짜를 맞아 복수심으로 최고급 스포츠카를 만들게 되었다는 설이 있다.

엠블럼의 황소 디자인은 람보르기니의 별자리인 황소자리에서 유래했다. 열렬한 투우 팬이었던 그는 차 모델명에 역대 유명했던 투우소들의 이름을 차용했다. 람보르기니의 대표 모델 아벤타도르, 무르시엘라고, 아벤타도르는 실제 소의 이름들이다.

BMW

BMWBayerische Motoren Werke는 원래 독일 공군에 항공기 엔진을 만들어 납품하던 회사였다. BMW의 엠블럼은 항공기의 프로펠러의 형상을 본 따 만들어진 것이다. '하늘에서 땅으로', '두 바퀴에서 네 바퀴로'라는

BMW 엠블럼의 흰색은 알프스산맥을 의미한다.

의미를 담고 있다. 엠블럼 속 청색과 흰색은 각각 BMW 본사가 자리한 뮌헨의 푸른 하늘과 알프스산맥의 만년설을 상징한다.

포르셰

포르셰Porsche의 엠블럼이 1952년 뉴욕의 한 레스토랑에서 즉석으로 탄생한 이야기는 유명하다. 별도의 엠블럼이 없었던 포르셰는 창립 초기 부터 뛰어난 성능으로 많은 인기를 누렸다.

그러다 1952년 미국으로 처음 포르셰를 수입하려던 맥스 호프만은 창 립자인 페르디난트 포르셰Ferdinand Porsche를 만나 미국 시장에서는 모든 자동차가 엠블럼을 가지고 있다며 포르셰의 엠블럼을 요청했다. 이에 포르셰는 그 자리에서 냅킨 위에 즉석으로 지금의 엠블럼을 디자인했다.

포르셰의 엠블럼은 포르셰 본사가 위치한 슈투트가르트와 뷔르템베르크의 휘장을 합친 것으로, 말은 슈투트가르트를, 사슴뿔과 줄무늬는 뷔르템베르크를 상징한다. 뷔르템베르크 왕국은 1805년부터 1918년까지 존재했던 독일의 주며, 현재의 바덴뷔르템베르크 지역에 있었다.

벤틀리

영국 고급 자동차의 자존심 벤틀리Bentley는 날개 모양의 엠블럼에 '빠르게 멀리 달리자'라는 뜻을 담았다. 벤틀리 역시 1차 세계대전 당시 항공기 엔진 회사로 명성을 떨친 바 있다.

벤틀리 엠블럼은 양쪽 날개 깃털의 개수가 다르다. 왼쪽은 10개, 오른쪽은 11개다. 이에 대해서는 벤틀리 측도 예전부터 그렇게 사용해왔을 뿐 정확한 이유를 모른다고 밝혔다. 한편 엠블럼의 무단 복제를 방지하기 위해 의도적으로 양쪽 날개를 비대칭으로 그렸다는 설이 있다.

아우디

'기술을 통한 진보Vorsprung durch Technik'란 회사 슬로건을 가지고 있는 아우디Audi는 메르세데스 벤츠, BMW와 함께 독일 3대 프리미엄 자동차 회사로 꼽힌다.

창립자 아우구스트 호르히August Horch는 1932년 독일의 자동차 브랜드 아우디, 호르히Horch, 반더러Wanderer, 데카베DKW를 합병하여 아우토 우니온Auto Union을 설립했다. 아우디의 엠블럼은 이 네 개 회사의 결속을 나타낸다.

볼보

안전한 차의 대명사로 통하는 볼보Volvo는 철강 산업이 발달한 스웨덴

볼보는 세계 최초로 3점식 안전벨트를 발명한 기업이다.

기업답게 철을 뜻하는 ♂ 원소 기호를 엠블럼으로 삼았다. 이 기호가 기계를 회전시키는 부품인 베어링과 닮은 점도 볼보의 창립자들이 엠블럼으로 선택하는 데 한몫을 했다.

그 뒤로 새로운 의미가 추가되었는데 우측 상단의 화살표는 안전벨트를 뜻한다. 오늘날 우리가 타는 모든 자동차에 적용되는 3점식 안전벨트를 최초로 발명한 기업이 바로 볼보다. 3점식 안전벨트는 지지점이 세 군데 있어서 어깨 부위와 요골 부위를 동시에 고정시킨다.

폭스바겐

이름부터 독일의 대표 국민의 차를 자처하는 폭스바겐Volkswagen은 말 그대로 '국민Volk＋차Wagen＝국민차'다. 폭스바겐은 히틀러의 이름에서 자유로울 수는 없으나 독일에서 가장 대중적인 차인 것은 부정하기 어렵다.

포르셰와 창업주가 같은 형제 기업이며 동그란 원에 폭스바겐의 약자인 W와 V를 형상화했다.

캐딜락

캐딜락Cadillac은 미국의 자동차 도시 디트로이트를 개척한 프랑스 탐험가 앙투안 드 라 캐딜락Antoine de la Cadillac의 이름에서 유래했다.

엠블럼 역시 캐딜락 가문의 문양을 사용했다. 엠블럼 속의 금색은 부, 검은색은 지혜, 파란색은 기사도, 붉은색은 용맹, 하얀색은 순결을 상징한다.

토요타

1989년 창립 50주년을 기념해 제작된 지금의 토요타TOYOTA 엠블럼은 세 개의 타원이 합쳐진 형태로 안쪽의 두 원은 '고객의 마음'과 '고객을 생각하는 도요타의 마음'을, 바깥의 큰 원은 '토요타를 품고 있는 커다란 세상'을 뜻한다.

참고로 토요타의 로고를 자세히 들여다보면 'TOYOTA'의 모든 철자를 확인할 수 있다.

현대자동차

현대차의 타원형 H 엠블럼은 1990년 9월 출시된 엘란트라와 함께 최초 공개되었다. 알파벳을 비스듬히 기울인 디자인은 자동차의 속도감을 표현한 것으로 '미래를 향한 도전과 전진'의 뜻을 담았다.

세계에서
가장 작은 나라 TOP 6

어떤 나라가 세계에서 가장 작을까? 대부분이 상식으로 알고 있는 것처럼 정답은 바티칸 시국이다. 바티칸 시국은 이탈리아 로마 안에 위치한 겨우 0.49제곱미터에 불과한 작은 도시 국가다.

세계에서 두 번째로 작은 모나코는 뉴욕시의 센트럴 파크 안에 들어가고도 남는다. 국토 전체 크기가 2.02제곱미터에 불과하다.

하지만 나라 크기가 작다고 해서 영향력이 작은 것은 아니다. 경제적인 면에서부터 종교적 영향력에 이르기까지, 크기는 작지만 세계에 상당한 영향력을 가진 국가가 많다.

바티칸 시국

지구상에서 가장 작은 나라인 바티칸 시국은 교황청이 있는 곳으로 유명하다. 324년 로마의 콘스탄티누스 대제가 베드로의 무덤 위에 대성당을 건설한 것이 바티칸 시국의 뿌리가 되었다. 이탈리아와의 관계 사이에서 확실한 주권 국가로서 인정받게 된 것은 1929년 라테라노 조약Patti Lateranensi이 탄생하면서부터다.

오늘날 바티칸 시국의 900여 명 인구 대부분은 교황청과 관련 있다. 219명의 추기경들과 교황청 집무를 보는 신자, 교황청을 지키는 스위스

세계에서 가장 작은 나라 바티칸 시국은 전 국토가 한눈에 보일 정도로 작다.

근위대 등이다. 하지만 전 세계에 12억 명이 넘는 가톨릭 신자들이 있으므로 바티칸 시국의 영향력은 그 땅의 크기보다 훨씬 크다 하겠다.

모나코

지구상에서 두 번째로 작은 나라인 모나코는 경제적으로는 결코 작은 나라가 아니다. 프랑스 남동부 연안에 위치한 입헌 군주제 국가 모나코의 면적은 2.02제곱미터로 웬만한 미국 중서부에 있는 큰 농장보다도 작다. 하지만 모나코는 국내총생산(이하 'GDP')가 72억 달러에 이른다. 세계에서 백만장자 밀도가 가장 높은데, 1제곱킬로미터 내에 백만장자가 무려 4,600여 명이 넘는다.

이외에 모나코는 F-1 레이싱, 카지노 등 관광 산업으로 명성이 높고 세금과 군대가 없는 나라로 유명하다. 1956년 당시 세계적인 배우였던 그 레이스 켈리Grace Kelly와 국왕 레니에 3세Rainier III가 결혼식을 올리면서 큰 화제가 되기도 했다.

나우루 공화국

나우루 공화국은 호주의 동쪽, 남태평양 적도 부근에 위치한 면적 21제 곱미터의 섬나라다. 철새들이 잠시 쉬어가던 이 조그마한 섬나라는 새똥

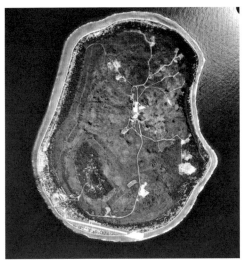

세계에서 세 번째로 작은 나라 나우 루 공화국의 항공 사진.

과 산호층이 결합된 희귀 자원인 인광석이 지천으로 깔린 축복받은 땅이었다. 인광석 수출 덕분에 1980년대에는 세계에서 가장 부유한 나라 중의 하나로 손꼽혔다. 당시 정부는 전 국민에게 매년 1억 원의 생활비를 지급했고, 교육과 의료비 등 모든 서비스를 무료로 제공한 데다가 세금마저 징수하지 않았다. 인광석 채굴도 집안일도 모두 외국인 노동자의 몫이라 국민은 일하지 않고 살 수 있었다.

하지만 1990년대 들어 무분별한 채광으로 환경 오염이 심각해지고 인광석이 점차 고갈되면서 자원의 축복은 자원의 저주로 변했다. 일하는 법을 잊어버린 국민 앞에 남은 건 국가 실업률 90퍼센트, 전 국민 비만 비율 90퍼센트 이상, 당뇨 비율 40퍼센트라는 끔찍한 현실이었다.

투발루

네 번째로 작은 나라인 투발루는 남태평양 중앙에 위치한 면적 26제곱킬로미터의 섬나라로, 그 크기가 울릉도의 3분의 1 정도다. 투발루는 눈부시도록 아름다운 아홉 개의 작은 섬으로 이루어져 있는데, 최근 지구 온난화의 영향으로 해수면이 높아져서 국토가 50년 안에 사라질 위기에 처해 있다. 이에 투발루는 지난 20여 년간 생존을 위해 화석연료에서 재생에너지로 전환하는 노력을 해왔고 지금도 전 세계를 향해 '우리도 생존할 권리가 있다'고 외치고 있다.

산마리노 공화국

다섯 번째로 작은 나라인 산마리노 공화국은 '가장 고귀한 산마리노 공화국'이라는 정식 명칭을 가지고 있다. 바티칸 시국처럼 이탈리아 안에 위치해 있으며 영세 중립국이자 세계에서 가장 오래된 공화국이다. 2천 년 전 로마공화정의 전통을 이어받아 좌파, 우파를 각각 대표하는 집정관 두 명이 6개월 임기로 국가를 대표하고 주요 정책은 민중을 대표하는 국가평의회와 국가회의에서 결정한다.

관광 산업이 주 수입원이며 튼튼한 재정과 낮은 실업률을 자랑하고, 대표적인 장수 국가(평균 수명 82세)의 하나로 유명하다.

세계에서 다섯 번째로 작은 산마리노 공화국은 이탈리아 안에 위치한 중립국이다.

리히텐슈타인 공국

리히텐슈타인 공국은 스위스와 오스트리아 사이에 위치한 면적 160제곱미터의 나라다. 모나코, 룩셈부르크 등과 함께 1인당 GDP가 10만 달러 이상인, 크기는 작지만 커다란 경제를 가진 대표적인 나라로 꼽힌다.

유럽에서 공국公國은 황제나 왕이 아닌 공작Duke이 다스리는 나라를 말하는데 공작을 보통 대공이라고 높여 부른다. 과거에 대공은 왕으로부터 독립적인 영토와 통치권을 인정받았으며 왕위 계승권을 갖고 있었다.

리히텐슈타인의 대공인 한스 아담 2세Hans Adam II는 2019년 약 50억 달러의 자산을 가진 것으로 알려져 룩셈부르크의 헨리 대공(40억 달러), 모나코의 알베르 2세 국왕(10억 달러), 영국의 엘리자베스 여왕(5억 300만 달러) 등을 제치고 유럽의 군주들 중 최고 부자로 등극했다.

리히텐슈타인은 낮은 세금과 기업 규제가 거의 없어서 조세 피난처로 유명하다. 페이퍼 컴퍼니들로 인해 실제로 리히텐슈타인은 인구수보다 등록된 기업의 수가 더 많다.

| 세계에서 가장 작은 나라 TOP 50 |

순위	국가	면적 (단위: 제곱미터)	순위	국가	면적 (단위: 제곱미터)
1	바티칸 시국	0.49	26	코모로	1,862
2	모나코	2.02	27	모리셔스	2,040
3	나우루 공화국	21	28	룩셈부르크	2,586
4	투발루	26	29	사모아	2,842
5	산마리노 공화국	61	30	카보베르데	4,033
6	리히텐슈타인 공국	160	31	트리니다드 토바고	5,130
7	마셜 제도	181	32	브루나이	5,765
8	세인트 키츠 네비스	261	33	키프로스	9,251
9	몰디브	300	34	레바논	10,452
10	몰타	316	35	자메이카	10,991
11	그레나다	344	36	감비아	11,295
12	세인트 빈센트 그레나딘	389	37	카타르	11,586
13	바베이도스	430	38	바누아투	12,189
14	앤티가바부다	442	39	몬테네그로	13,812
15	세이셸	452	40	바하마 제도	13,943
16	팔라우	459	41	동티모르	14,919
17	안도라	468	42	에스와티니	17,364
18	세인트 루시아	616	43	쿠웨이트	17,818
19	미크로네시아 연방	702	44	피지	18,272
20	싱가포르	726	45	슬로베니아	20,273
21	통가	747	46	이스라엘	20,770
22	도미니카	751	47	엘살바도르	21,041
23	바레인	778	48	벨리즈	22,966
24	키리바시	811	49	지부티	23,200
25	상투메프린시페	964	50	북마케도니아	25,713

존재하지 않았지만 지도에는 있었던 장소들

○ ○

사람들은 대체로 직접 보고 확인한 것을 진실이라고 생각하지만, 때로는 자신이 막연히 믿고 생각하는 것이 진실이라고 여기는 경우도 많다. 물질적인 요소가 더해지면 더욱 그런 경향이 있다. 예를 들어 서부 개척 시대의 골드러시가 그러했고, 본인이 사놓은 주식이 막연히 오를 거란 기대 속에 자본시장의 엘도라도를 찾아 떠난 여러 투자자 역시 마찬가지였다.

역사적으로도, 실제로도 존재하지도 존재한 적도 없지만 오랜 기간 많은 이가 세상 어딘가에 있다고 믿은 장소들을 소개한다.

엘도라도

16세기 유럽의 탐험가와 정복자들은 남아메리카 어딘가에 존재한다고 전해진 황금 도시의 이야기에 매료되었다. 바로 엘도라도El Dorado다.

엘도라도는 원래 특정 장소가 아닌 사람을 지칭하는 말로 '황금으로 도금한 자'라는 의미였다. 오늘날 콜롬비아 북부 안데스산맥에 위치한 무이스카Muisca 또는 치브차Chibcha라 불리는 곳의 왕이 대관식에서 에메랄드와 금을 가득 실은 뗏목을 타고 온몸을 금박으로 치장한 뒤 신성한 과타비타 호수에 뛰어들었다는 이야기가 유럽에 전해졌다.

이 왕의 이야기는 결국 엄청난 부와 화려한 황금 도시에 대한 소문으로 이어졌고, 탐험가들은 앞다투어 남아메리카의 열대 우림과 산속으로 황금의 도시 엘도라도를 찾기 위해 나섰다. 잉카제국을 정복한 프란시스코 피사로Francisco Pizarro의 이복동생 곤살로 피사로Gonzalo Pizarro, 영국 탐험가 월터 롤리Walter Raleigh, 『코스모스』의 저자이자 탐험가 알렉산더 폰 훔볼트Alexander von Humboldt 등 엘도라도를 찾으려는 유럽인의 시도는 1800년대 초반까지도 계속되었다.

프레스터 존의 왕국

프레스터 존의 왕국The Kingdom of Prester John은 중세 유럽인이 믿어온, 먼 지구 반대편 어딘가에 있다는 기독교 군주가 다스리는 강력한 가상의 왕국이다. 1145년 그 이름이 역사에 등장한 이후 500년이 넘도록 회자되었는데, 특히 아기 예수에게 선물을 가져온 동방박사의 이야기는 아직 발견되지 않은 기독교 신앙의 통치자가 동방에 있을 수 있다는 근거가 되었다.

중세 유럽인은 아랍과의 십자군 전쟁 등에서 한계에 부딪히자 이상적인 기독교의 왕국에 대한 열망과 확신을 위해서 프레스터 존의 왕국을 찾으려고 많은 노력을 기울였다. 처음에 프레스터 존의 왕국은 아시아 어디쯤으로 생각되었다가 아프리카, 극동 지역까지 그 범위가 넓혀졌다. 탐험 기술의 발달로 미지의 세계가 조금씩 알려질수록 이 가상 왕국의 위치는 아직 발견되지 않은 더 먼 곳으로 멀어졌다.

유럽인은 이슬람 세력과 투쟁을 벌이며 잠재적 기독교 동맹국이 있음을 믿고 싶어 했다. 1165년 비잔틴 황제 마누엘 콤니노스Manuel Komnenos (1143~1180)는 '삼인도의 최고 통치자'라고 밝힌 프레스터 존에게서 편지를 받았다. 편지에서 프레스터 존은 자신이 시바 여왕의 후손으로 72개의 종속 왕국으로 이루어진 광대한 영토를 가지고 있는데, 그 땅은 황금이 풍부하고 우유와 꿀이 넘쳐나며 거인과 뿔이 있는 사람들이 사는 유토피아라고 설명했다. 물론 이 편지는 십자군의 사기를 끌어올리기 위해 조작된 것으로 보는 시각이 많다.

이슬람 세력에 함께 대항할 세력을 갈구하는 유럽인의 바람 때문에 1200년대 초 몽고가 페르시아의 일부를 정복했을 때 칭기즈칸의 군대를

수백 년간 유럽인은 아시아나 아프리카 어딘가에 프레스터 존의 왕국이라는 강력한 기독교 국가가 있다고 믿었다.

프레스터 존의 군대라고 착각하는 일까지 벌어졌다.

그 후에도 마르코 폴로Marco Polo, 바스쿠 다 가마Vasco da Gama 등 여러 탐험가가 프레스터 존의 왕국을 찾고자 했으며 유럽인의 바람대로 머나먼 아프리카 에티오피아에서 기독교 문명을 발견했지만 프레스터 존의 왕국의 유토피아적인 모습에는 미치지 못했다. 17세기에 이르러서야 이 왕국에 대한 전설은 사라지고 제국은 대부분의 지도에서 삭제되었다.

하이브라질

하이브라질Hy-Brasil은 유럽인에게 오랫동안 아일랜드 서쪽 어딘가에 있다고 여겨져온 환상의 섬이다. 하이브라질이란 이름은 게일어로 '축복의 섬'을 의미하는데 정확한 기원은 불분명하다. 그 밖에도 이 섬은 Hy-Brasail, Breasal, Brazil, O'Brasil, The Enchanted Island, The Isle of the Blessed 등으로 표기되어왔다.

이 섬의 이야기는 켈트족 전설에서 유래했을 가능성이 높다. 아일랜드 민속에 따르면 아일랜드 서해안에 있는 하이브라질이라는 섬은 평소에는 안개에 가려져 있어서 볼 수 없고 7년마다 단 하루 볼 수 있다고 한다. 1800년대까지만 해도 뱃사람들은 이곳을 실제 존재하는 장소로 여기는 동시에 잃어버린 낙원 또는 유토피아로 생각했으며, 그래서 많은 신화와 민담의 소재가 되었다.

하이브라질은 1325년 이탈리아의 지도 제작자 안젤리노 둘체르트

Angelino Dulcert에 의해 처음 지도에 표시된 이후 수 세기 동안 아일랜드 서쪽 대서양에 원형 섬의 형태로 표시되었다. 그 후 이탈리아인 항해 탐험가 존 캐벗John Cabot 등 섬의 존재를 믿는 여러 탐험가가 하이브라질을 찾아 헤맸다. 그리고 그 믿음은 하이브라질이 1873년 영국 해군의 지도에 마지막으로 표시될 무렵까지 계속되었다.

툴레

툴레Thule는 스칸디나비아 근처의 얼어붙은 북대서양에 어딘가에 위치한 것으로 믿어져왔다. 툴레에 대한 전설은 기원전 4세기로 거슬러 올라간다.

고대 그리스의 탐험가 피테아스Pytheas가 기원전 325년 항해를 마치고선 스코틀랜드 너머의 얼음 섬을 여행한 이야기를 전하며 그곳은 해가 지지 않고 육지, 바다, 공기가 젤리 같은 덩어리로 뒤섞여 있다고 했다. 사람들은 피테아스의 이야기를 의심했지만 '멀리 있는 툴레'는 유럽인의 상상 속에 세계 가장 북쪽 어딘가에 있는 대표적인 장소로 남게 되었다. 그 후 탐험가와 연구자들은 노르웨이, 아이슬란드, 셰틀랜드 제도 등을 툴레라고 생각했으며, 오랫동안 시와 신화에서 툴레는 흥미로운 모티브로 자주 등장했다.

툴레는 1차 세계대전 이후 독일의 밀교 조직 툴레 소사이어티Thule Society와의 연관성으로 널리 알려졌다. 뮌헨에 기반을 둔 이 조직은 툴레를 아리안 인종의 조상이 살던 고향으로 여겼고 독일의 부총통을 지낸 루돌프 헤스Rudolf Hess를 비롯해 많은 나치를 배출했다.

세인트브렌던섬

세인트브렌던섬St. Brendan's Island은 대서양 동부 어딘가에 존재한다고 믿어진 신비한 낙원의 섬이었다. 초기에는 아일랜드 근처에 지도로 표시되었지만 나중에는 북아프리카 해안, 카나리아 제도, 그리고 마침내 아조레스 제도까지 멀어져갔다.

세인트 브렌던은 489년경 아일랜드에서 태어났으며 여러 교회와 수도원을 설립했다. 어느 날 그는 한 수도사에게 '성도들의 약속의 땅'이라는 낙원의 이야기를 듣고 그 섬을 찾기 위해 다른 수도사들을 데리고 항해를 떠났다.

브렌던과 수도사들의 항해 이야기는 유럽에서 큰 인기를 끌었고 10세기 이후의 여러 문헌에서 발견할 수 있다. 기록에 따르면 브렌던은 항해 중에 새의 낙원, 포도의 섬 등 여러 섬을 지나쳤으며 불덩이를 휘두르는 거인의 공격을 받은 적도 있다. 언젠가는 한 섬에 도착하여 부활절 미사를 거행하는데 갑자기 땅이 움직이기 시작했다. 그제야 일행은 자신들이 도착한 곳이 섬이 아니라 거대한 고래의 등 위였음을 깨달았다. 이런저런 우여곡절을 겪은 끝에 브렌던은 마침내 신선하고 맛있는 과일과 반짝이는 보석으로 가득한 안개에 덮여 있는 '성도들의 약속의 땅'에 도착했으며 아일랜드로 돌아오기 전까지 40일 동안 머물렀다.

그 후로 많은 이가 세인트브렌던섬을 찾아 나섰고 실제로 섬을 보았다고 주장했다. 유명한 이탈리아 탐험가 크리스토퍼 콜럼버스Christopher Columbus 또한 그 존재를 믿었다고 전해진다. 하지만 시간이 지날수록 세인트브렌던섬에 대한 관심은 점차 줄어들었고, 18세기에 이르러 지도에서도 완전히 삭제되어 이제는 아무도 찾지 않는 환상 속의 섬이 되었다.

사그네 왕국

16세기 프랑스 탐험가 자크 카르티에Jacques Cartier는 현재의 캐나다 퀘벡 근처 강가에 금과 보석을 가득 찬 금발의 사람들이 통치하는 사그네 왕국The Kingdom of Saguenay이 존재한다고 믿었다. 카르티에가 금과 아시아 북서항로를 찾아 캐나다의 뉴펀들랜드섬에 도착했을 때 원주민 이로쿼이족 추장 도나코나Donnacona로부터 북쪽에 위치한 광대한 왕국인 사그네에 대한 이야기를 들었기 때문이다.

추장에 따르면 그 신비한 나라는 하얀 피부에 수염을 기른 금발의 남성이 통치하는 곳으로 향신료, 모피, 귀금속이 풍부했다. 이후 프랑스에는 사그네 왕국에 대한 소문이 널리 퍼져나갔고 사람들은 그곳을 '북미의 엘도라도'라고 부르기 시작했다. 사그네의 존재는 나중에 프랑스가 캐나다를 식민지로 만든 이유 중 하나가 되었다. 오늘날 '캐나다'라는 이름은 카르티에 일행이 탐사하던 곳의 이름을 이로쿼이족 원주민에게 묻자 '카나

JACQUES CARTIER,
HIS FIRST INTERVIEW WITH THE INDIANS   AT HOCHELAGA NOW MONTREAL IN 1535.

프랑스 탐험가 자크 카르티에는 캐나다 원주민 추장에게 풍요로운 사그네 왕국 이야기를 들었다.

타Kanata'라고 대답한 것에서 비롯되었다. 사실 카나타는 원주민 말로 마을이라는 뜻이었다. 그리고 캐나다에서 두 번째로 큰 도시 몬트리올은 프랑스어에서 왔다. 카르티에가 '국왕réal의 산mont'이라는 의미로 '몽레알'이라고 부른 데서 유래했다.

카르티에와 프랑스 탐험가들은 사그네 왕국을 찾아 북미 대륙을 샅샅이 뒤졌지만 이 이야기를 뒷받침할 만한 어떤 것도 찾지 못했다. 오늘날에는 당시 침략자들을 속이기 위한 원주민의 계략 혹은 탐험가의 단순한 오해로 보는 견해가 많지만, 실제 원주민 스스로도 사그네 왕국의 존재를 믿었던 것으로 보기도 한다.

2장

교양 있는 삶

문화 · 예술 · 역사

고대의
세계 7대 불가사의

'세계 7대 불가사의The Seven Wonders of the World'로 꼽히는 고대 건축물들의
그림을 보면 대단하고 놀랍기는 하나 '불가사의'라고까지 할 건 없지 않나
싶은 사람도 많을 것이다. 이런 생각이 든다면 어쩌면 '불가사의'라는 말의
오역 때문일지 모른다.

불가사의의 그리스어 표현은 αναρωπιέται인데, 이는 의미상 'mystery'가 아
닌 'wonder'로 '세계 7대 경이' 혹은 '세계의 7대 경이로운 건축물'이라고
해석하는 것이 맞다. 그런데 이 말이 일본어의 중역을 거쳐 우리나라로 유
입될 때 '불가사의'라고 오역되어 여태껏 사용되고 있다.

'경이'가 '불가사의'로 바뀐 이유

일본어 '世界の七不思議(세계의 7대 신기)'라는 표현 중에서 '不思議'라
는 일본의 한자 단어가 '불가사의'로 오역되면서 우리는 '세계 불가사의'
라는 말을 계속 써오고 있다. 한편 중국에서는 일반적으로 '7대 기적(七大
奇迹, 일곱 개의 매우 기이한 사적)'이라고 한다.

고대의 세계 7대 불가사의는 고대 그리스의 시인이었던 안티파트로스
Antipatros가 남긴 문헌에 나오는 것들인데, 문헌에서는 미스터리로서 언급
된 게 아니라 당시 관광객을 위한 명물로 소개되었다.

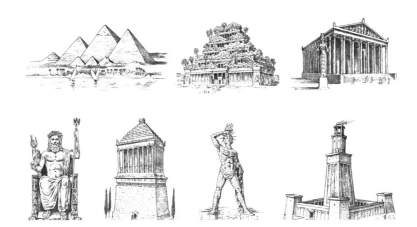

고대 세계 7대 불가사의들. 첫 번째 줄 왼쪽부터 기자의 대피라미드, 바빌론의 공중정원, 에페소스의 아르테미스 신전, 두 번째 줄 왼쪽부터 올림피아의 제우스상, 할리카르나소스의 마우솔로스 영묘, 로도스섬의 거상, 알렉산드리아 파로스의 등대다.

나는 전차들이 경주할 만큼 큰 길이 나 있는 난공불락의 바빌론 성벽을 보았고, 알페우스가 세운 제우스 신상, 공중정원, 태양의 거상과 수많은 노동력으로 지은 높은 피라미드와 거대한 마우솔로스의 묘를 봤었다. 그러나 내가 구름 위에 우뚝 서 있는 아르테미스의 집을 보았을 때, 앞서 말한 다른 불가사의들은 그 그늘에 가려졌다. 태양은 올림푸스를 제외하면 공평하게 내리쬐지 않는구나.

– 『그리스 사화집Greek Anthology』 IX.58

기자의 대피라미드

기자의 대피라미드Great Pyramid of Giza는 고대 7대 불가사의 중 가장 오래된 건축물이자 유일하게 남아 있는 건축물이다. 약 230만 개의 석회암과 화강암으로 만들어졌고 가장 큰 돌의 무게는 50톤, 평균 무게는 2.5톤이며 높이 약 147미터, 밑변이 약 230미터에 달하는 어마어마한 규모다.

기원전 2500년대 제4왕조 때 쿠푸 왕의 무덤으로 지어졌다는 설이 가장 유력하지만 반론도 많다. 도굴당한 흔적이 없는데도 내실 안에 뚜껑 없는 석관 말고는 미라나 부장품이나 벽화 같은 게 전혀 발견되지 않아서다. 그래서 대모신Great Mother Goddess 이시스Isis의 신전이라는 설, 천문대였을 것이라는 설, 나일강 범람 때 농부들에게 일거리를 주기 위한 원조 뉴딜 정책의 일환으로 건설되었다는 설 등 정체에 대해 의견이 다양하다.

피라미드에는 정교한 수학적·과학적 계산이 숨어 있는데, 각 모퉁이가 정확하게 동서남북을 가리키고 높이를 10억 배 연장하면 지구와 태양과의 거리(1억 4694만여 킬로미터)가 되고, 밑변 둘레를 높이의 두 배로 나누면 3.14, 즉 원주율(파이) 값이 된다. 이런 정교한 계산이 어떻게 고대 이집트에서 가능했는지 의심하는 학자도 많은데 그중 『신의 지문』(1995)의 저자 핸콕Graham Hancock은 피라미드가 전 지구를 휩쓴 대홍수 이전, 지금으로부터 1만 2,500년 전에 존재했던 고도 문명에 의해 건설된 것이라고 주장했다.

바빌론의 공중정원

일반적으로 바빌론의 공중정원Hanging Gardens of Babylon이라고 칭하는 이 건축물은 당대에 공중에 둥둥 떠 있던 건 아니고 높이 105미터에 달하는 일종의 옥상정원이었다. 멀리서 보면 마치 공중에 떠 있는 것처럼 보였다고 해서 이런 이름이 붙었다.

신新바빌로니아의 네부카드네자르 2세(?~BC 562)가 메디아 출신의 왕비 아미티스를 위해 이를 만들었다. 아미티스는 산과 초원에서 자랐으나 결혼 뒤 사막 한가운데에 위치한 바빌론에 살게 되었다. 바빌론의 건조하고 황량한 풍경에 질려 고향의 푸른 언덕을 그리워하는 아내를 위해 왕은 고향을 닮은 정원을 만들어주었다.

바빌론의 공중정원은 계단식 테라스로 된 노대露臺에 흙을 쌓고 나무와 꽃을 심어놓아 멀리서 보면 삼림이 우거진 작은 산 같았다. 문제는 비가 적게 내리는 이 지역에서 공중정원의 높이까지 물을 끌어오는 것이었는데, 왕은 정원의 맨 위에 큰 물탱크를 만들어 유프라테스강의 강물을 펌프로 길어 올려 각 층에 대도록 했다.

에페소스의 아르테미스 신전

그리스도교의 성인 바울이 지금은 터키의 한 지역인 고대 도시 에페소스에 처음 전도하러 갔을 때 상당히 애를 먹었다고 한다. 이곳 사람들은

그리스 신화에 등장하는 아르테미스 여신의 상. 아르테미스는 사냥, 다산, 달의 여신이다.

아르테미스 여신을 열렬히 숭배하고 있었기 때문이다.

에페소스의 아르테미스 신전Temple of Artemis at Ephesus은 기원전 550년 경 리디아 왕 크로이소스Croesus(?~BC 546) 때 착공해서 무려 120년이 걸려 완성되었다. 하얀 대리석으로 만든 20미터 높이의 이오니아식 기둥이 127개나 늘어선 신전이었다. 그런데 기원전 356년 헤로스타토스라는 자가 단지 후대에 이름을 남기고 싶다는 이유로 이 신전에 불을 질렀다. 신전은 몇십 년 뒤에 재건되었으나 그 후에도 파괴와 재건이 반복되었다.

올림피아의 제우스상

올림피아의 제우스상Statue of Zeus at Olympia은 기원전 435~457년경 그리스 남부의 펠로폰네소스반도 북쪽 앨리스 지방의 제우스 신전에 있던 신상이다.

당대 최고의 조각가인 페이디아스Pheidias가 8년여에 걸쳐 완성한 것으로 좌상임에도 높이가 13미터에 달해 신전을 가득 채우는 그 위엄이 마치 살아 있는 것 같았다고 전해진다. 그러나 426년 황제 테오도시우스 1세 Theodosius I의 이교異敎 신전 파괴령에 의해 신전 대부분이 헐렸고, 이후 여러 차례의 지진과 하천 범람 등으로 결국 흔적조차 남지 않았다.

> 그의 왼손에는 상아와 황금으로 만들어진 승리의 여신이 있고, 오른손에는 신중의 왕을 의미하는 권장이 갖가지 금속으로 새겨져 있으며, 거상 위에는 그의 독수리가 앉아 있다. 제우스의 샌들은 그의 옷과 마찬가지로 황금으로 만들어졌다. 그의 옷에는 동물과 백합이 새겨져 있으며, 권좌는 황금과 귀한 보석 및 상아로 장식되어 있다.
>
> – 고대 그리스의 지리학자·여행자 파우사니아스Pausanias

할리카르나소스의 마우솔로스 영묘

할리카르나소스의 마우솔로스 영묘Mausoleum of Maussollos at Halicarnassus

는 페르시아 제국에 속하는 카리아의 총독 마우솔로스를 위하여 할리카르나소스(지금의 터키)에 건립되었던 장대한 규모의 무덤이다. 마우솔로스의 생전에 착공되었고, 그가 죽은 뒤 왕비 아르테미시아가 공사를 계속 진행했으나 완성된 시기는 아르테미시아가 죽은 뒤인 기원전 350년경으로 추측된다. 12~15세기에 지진으로 붕괴되어 초석만이 현존하는데, 전체 높이 50여 미터, 둘레 125미터의 어마어마한 규모를 자랑한다. 단순히 규모를 넘어 아름다운 조각상과 정교한 장식들이 있었기에 7대 불가사의 중 하나로 꼽힌다.

이 무덤은 사변형의 높은 묘대墓臺 위에 열주列柱가 계단식 피라미드 형상의 지붕을 받치고 있었으며, 꼭대기 부분에는 사두마차에 탄 왕과 왕비의 조상彫像이 있었다고 전해진다. 후대에 발굴된 각 면의 조각과 프리즈는 런던의 대영박물관에 소장되어 있다. 그리고 이 영묘가 세워진 이래로 로마인은 비슷한 대규모의 분묘 건축을 '마우솔레움'이라고 일컫게 되었다.

로도스섬의 거상

로도스섬의 거상Colossus of Rhodes은 기원전 292~280년경 소아시아 인근 로도스섬에 세워진 태양신 헬리오스의 청동상이다.

지중해 무역의 중심지였던 로도스는 여러 도시 국가가 연합하게 된 것을 축하하는 한편, 마케도니아의 침공에 맞서기 위해 무려 12년에 걸쳐

태양신 헬리오스 거상의 상상도. 거상이 일종이 항만 대문 역할을 했다는 설이 있다.

높이 33미터의 이 청동상을 세웠다. 그러나 로도스의 거상은 세워진 지 56년 만인 기원전 224년 대규모 지진으로 양 무릎이 부러지면서 넘어지고 말았다.

이에 이집트의 프톨레마이오스 3세Ptolemaeos III는 거상의 복구 비용을 부담하겠다고 로도스에 제안했지만 델포이 신탁은 헬리오스를 화나게 했다며 재건을 거부했다. 더군다나 로도스인들은 무너진 조각상을 옮기면 도시에 불행이 온다고 믿어 그 후 1천 년 가까이 방치된 채 관광 명물이 되었다. 그러다 654년 로도스를 침공한 아랍인들이 부서진 거상의 나머지를 분해해 시리아의 유대인에게 팔았다. 그 파편들을 시리아로 운반하는 데 낙타 900마리가 필요했다고 한다.

18세기에 그려진 삽화를 보면 거상이 양쪽 다리를 벌리고 서 있고 그 아래로 배들이 통과하도록 해서 일종의 항만 대문 역할을 하고 있다. 하지만 사실 건축공학적으로 이런 형태로 거상을 만들어 세우는 것은 불가능하다고 한다.

알렉산드리아 파로스의 등대

파로스 등대Lighthouse of Alexandria는 원래 고대 세계 7대 불가사의에 속하지 않았지만 6세기경에 존재했던 바빌론 성벽(이슈타르의 문)을 대신하게 되었다.

파로스 등대는 고대 최대의 항구 도시인 알렉산드리아 근처의 파로스 섬에 기원전 250년대 지어진 등대로, 이집트를 지배한 프톨레마이오스 2세Ptolemaeos II의 지시에 따라 건축가 소스트라투스Sostratus가 세웠다. 등대의 밑단은 4각, 중앙단은 8각, 윗단은 원통 모양을 한 3단 구조로 알려져 있다. 하얀 대리석으로 높이 130미터에 3층으로 만들어진 이 등대는 알렉산드리아항을 1천 년 넘게 밝혀왔다. 하지만 1100년과 1307년에 일어난 두 차례의 대지진으로 무너지고 말았다.

14세기 모로코 출신 탐험가 이븐 바투타Ibn Battuta는 대지진으로 완파되기 전 파로스 등대를 본 사람들의 말을 빌려 이 등대가 '하늘 높이 솟은 방형 건물이었다'라고 여행기에 묘사했다. 등대 안쪽에는 나선 모양의 통로가 옥탑까지 나 있었고, 선박들에게 길을 안내하는 불빛이 나오는 옥탑

위에는 거대한 여신상이 솟아 있었다고 한다. 또한 등대 꼭대기 옥탑에서 나오는 불빛은 40여 킬로미터 밖에서도 보였다는 기록이 있다. 그토록 불빛이 멀리까지 잘 보였던 것은 반사경이 있었기 때문이라고 한다. 낮에는 햇빛을 반사했는데, 전설에 따르면 그것으로 적함을 태울 수 있어 등대가 군사 시설의 역할도 했다고 한다. 하지만 당시의 광학 기술 수준을 보면 이 이야기는 그다지 신빙성은 없는 것으로 보인다.

파로스는 그리스(Φάρος), 프랑스(Phare), 이탈리아(Faro), 불가리아(фар), 포르투갈(Farol), 루마니아(Far), 스페인(Faro) 등에서 등대라는 말의 어원이 될 만큼 큰 영향을 끼쳤다.

고흐와 고갱의
전업轉業 이야기

우리의 일상에서 '정년 퇴사 후 인생 이모작'이란 말이 완전히 자리 잡았을
만큼 이제 누구나 평생직장은 없다는 데 동감한다. 직업에 대한 고민은 보
통 사람들만 하는 것은 아닌 듯하다. 한 분야에서 정점에 섰던 유명인들도
처음부터 그 길만 간 게 아니었다. 특히 가난한 예술가들은 예술과는 상관
없는 직업을 가졌던 경우가 부지기수였다.

고흐와 고갱, 마티스, 루소 같은 위대한 화가들 역시 전업 화가가 되기까지
먼 길을 돌아가야 했다.

빈센트 반 고흐

빈센트 반 고흐Vincent van Gogh(1886~1888)는 화가가 되기 전 화랑에서
동생 테오와 함께 일했고 목사였던 아버지를 따라 종교인이 되고자 했으
나 신학교 입학시험에 떨어졌다. 그 뒤 아버지의 도움으로 벨기에의 탄광
지대 보리나주의 한 교회의 전도사로 일하게 되었다.

이곳에서 고흐는 광부들의 열악한 삶에 충격을 받고 그들의 인권을 위
해 헌신적으로 일했는데 이를 못마땅하게 여긴 교회 측에 의해 해고당하
고 말았다. 고흐가 할 수 없이 성직자의 길을 포기하고 본격적으로 그림을
그리기 시작했을 당시 그의 나이는 28세였다. 만일 고흐가 신학교 입학시

빈센트 반 고흐의 대표작 「별이 빛나는 밤(Starry Night over the Rhone」(1888).

험을 통과하여 목사가 되었더라면 그의 위대한 작품들은 세상의 빛을 보지 못했을지도 모른다.

폴 고갱

폴 고갱Paul Gauguin(1848~1903)은 17세 때 선박의 항로를 담당하는 도선사가 되어 항해 생활을 했다. 그 후 파리 증권 회사의 실력 있는 주식 중개인이 되었다. 그는 주식 중개를 하며 큰돈을 벌었고 안정된 생활 속에 미술 애호가가 될 수 있었다.

그는 당시 주목받던 화가들의 작품을 수집하는 한편 인상주의 창시자로 여겨지는 카미유 피사로Camille Pissarro에게 과외를 받으며 그림 실력을 키워나갔다. 또한 에드가르 드가Edgar Degas 등의 인상주의 화가들과 교류하며 점점 그림의 세계에 빠져들었다. 그러다 1882년 위니옹제네랄은행의 파산을 기점으로 파리 증권 시장이 붕괴되자, 고갱은 35세 나이에 비로소 전업 화가의 길로 들어섰다.

부유했던 지난날과 달리 무명작가로서의 삶은 가난의 연속이었다. 생활을 위해 그동안 모았던 작품을 팔아야 했고 벽보 붙이는 일까지 해야 했

폴 고갱의 대표작 「타히티의 여인들(What News)」(1891).

다. 결국 고갱은 가난에 적응하지 못한 가족과 떨어져 지내게 된다. 그 후로도 고갱은 삶의 험난함에서 벗어날 수 없었지만, 그 과정에서 깊게 고뇌하며 빛나는 작품을 만들었다.

앙리 마티스

강렬한 색채의 그림으로 대중의 큰 사랑을 받았던 야수파의 거장 앙리 마티스Henri Matisse(1869~1954)는 변호사 자격증을 가진 법률 사무소의 서

앙리 마티스의 대표작 「이카루스(Icare)」(1946).

기였다. 어느 날 그는 충수염에 걸려 수술을 했는데 몸을 회복하기까지 2년에 가까운 꽤 오랜 시간이 걸렸다. 이 기간 동안 그림을 그리며 시간을 보내던 마티스는 미술의 매력에 빠졌다.

그는 법률 사무소로 복귀한 후에도 틈나는 대로 그림을 그렸고 프란시스코 고야Francisco Goya, 렘브란트 판 레인Rembrandt van Rijn의 작품을 자주 모사했다. 그러다 건강상 이유로 군 복무를 면제받은 것을 계기로 마티스는 앞날이 보장된 법률가를 포기하고 전업 화가가 되었다.

앙리 루소

어쩌면 인생 이모작이란 말에 가장 가깝게 산 예술가는 앙리 루소Henri Rousseau(1844~1910)인지도 모른다.

젊은 시절 피카소가 가장 숭배했던 앙리 루소는 전직 세관원이었다. 고등학교 졸업 후 고향의 법률 사무소에서 급사로 일했던 루소는 결혼 뒤 파리 세관 사무소에서 일했다. 그의 업무는 센강을 지나는 배에 세금을 매기는 단순한 통행료 징수가 전부였기에 반복되는 지루한 일을 수행하면서 틈틈이 그림을 그렸다. 루소는 40세가 되던 1884년 미술관에서 그림을 모사할 수 있는 허가증을 발급받으면서 더욱더 그림 작업에 몰두했고 아예 이듬해에는 작업실까지 마련하고 공식적으로 작품을 발표하기 시작했다. 루소는 49세가 되었을 때 사무소를 퇴직하고 은퇴 후 전업 화가가 되었다.

앙리 루소의 대표작 「잠자는 집시(The Sleeping Gypsy)」(1897).

이렇게 유명한 예술가들도 다양한 직업을 가졌었다. 오늘날 누구도 고갱이 얼마나 뛰어난 주식 중개인이었는지, 마티스가 얼마나 훌륭한 법률가였는지에 대해서는 관심이 없다. 단지 그들이 남긴 작품을 이야기하고 기억한다. 의학의 발전으로 이들보다 더 긴 수명을 선물받은 우리도 무엇이라도 배우고 익혀 다른 직업으로 전혀 다른 인생을 한번 살아보는 건 어떨까?

「오페라의 유령」을 빛낸 역대 최고의 팬텀

○ ○

「오페라의 유령 The Phantom of the Opera」은 우리나라에서 가장 많이 사랑받는 뮤지컬 작품 중 하나다. 1986년 영국에서 초연된 이 작품은 가스통 르루 Gaston Leroux의 소설 『오페라의 유령』을 바탕으로 한, 뮤지컬 분야의 전설 앤드류 로이드 웨버 Andrew Lloyd Webber의 대표작이다. 우리나라뿐 아니라 전 세계적으로도 인기가 대단해서 브로드웨이 최장기 공연으로 기네스북에도 등재되었다. 영국 로열앨버트홀에서 열린 「오페라의 유령 25주년 기념 공연」은 팬이라면 꼭 챙겨보아야 할 공연이라 할 수 있는데 흔치 않게도 원조 크리스틴인 세라 브라이트먼 Sarah Brightman과 역대 팬텀들이 한자리에 출연했다.

그렇다면 자신만의 개성과 매력으로 「오페라의 유령」을 빛낸 역대 팬텀들에는 누가 있었을까?

마이클 크로퍼드

「오페라의 유령」은 웨버가 사랑하는 아내이자 영원한 뮤즈 세라 브라이트먼을 위해 쓴 작품이라 해도 과언이 아니다. 그녀의 파트너로 이 작품을 초연한 1대 팬텀은 영국의 배우 겸 가수 마이클 크로퍼드 Michael Crawford다. 본명은 마이클 패트릭 덤블 스미스로, 팬텀 역을 맡기 전까지는 유명 시트콤에서 코믹한 역할을 연기했었다. 그랬던 그는 기존의 이미

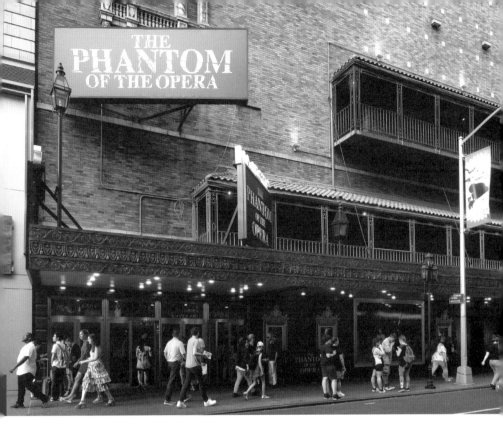

「오페라의 유령」을 상연 중인 뉴욕 브로드웨이 마제스틱극장의 모습.

지와 전혀 다른 카리스마로 1대 팬텀 역을 훌륭하게 소화해내며 극찬을
받았다.

　1988년 크로퍼드는 토니 어워드 남우주연상과 올리비에상을 수상했
고 뮤지컬 앨범 판매에서도 큰 성공을 거두었다. 약 1,300여 회의 「오페라
의 유령」 공연에 참여한 그는 1990년 4월 29일에 열린 공연을 마지막으로
팬텀 역에서 완전히 떠났다.

콤 윌킨스

아일랜드 출신의 뮤지컬계 레전드 콤 윌킨스Colm Wilkinson는 1972년 「지저스 크라이스트 슈퍼스타」의 유다 역으로 캐스팅된 이후 「지킬 앤드 하이드」의 지킬 역, 「레미제라블」의 장발장 역을 맡아 훌륭한 연기를 선보여 극찬받았다.

1995년 「레 미제라블」의 10주년 기념 공연에서 주인공 장발장 배역 역시 윌킨스의 몫이었다. 2012년 휴 잭맨Hugh Jackman이 주연한 동명의 영화에서는 미리엘 주교 역으로 카메오 출연을 하며 「레미제라블」과 인연을 이어갔다. 「오페라의 유령」에서는 1989년 캐나다 토론토 공연 때 팬텀 역을 맡았다.

앤서니 왈로우

「지킬 앤드 하이드」의 전설이라고 불리는 호주 뮤지컬 배우 앤서니 왈로우Anthony Warlow도 역대 팬텀 중의 한 명이다. 아직까지도 그가 부른 곡 「지금 이 순간This Is the Moment」은 최고의 버전 중 하나로 뽑힌다.

호주의 「오페라의 유령」 초연 때 왈로우가 팬텀 역을 맡았다. 브로드웨이나 웨스트엔드 등의 뮤지컬 본고장에 진출하지 않고 오직 호주에서만 공연했음에도 압도적인 가창력과 연기력으로 세계적 명성을 얻었다. 1998년에는 호주의 '인간 국보The living National Treasure'로 지정되었다.

존 오웬 존스

웨일스 버리 포트 출신의 존 오웬 존스John Owen-Jones는 런던의 왕립중앙연극담화원Royal Central School of Speech and Drama을 졸업했다. 웨스트엔드 역사상 가장 어린 나이인 26세 장발장 역을 맡았고, 런던에서 「오페라의 유령」을 1,400회 이상 공연한 최장 팬텀으로 유명세를 떨쳤다. 2006년 『할렐루야Hallelujah』 EP를 시작으로 스튜디오 앨범도 꾸준히 발표하고 있다.

피터 요박

스웨덴 출신 피터 요박Peter Jöback은 스웨덴의 전설적인 혼성 팝그룹 아바ABBA의 멤버였던 비요른 울바에우스Björn Ulvaus와 베니 앤더슨Benny Andersson이 만든 뮤지컬 「두베몰라에서 온 크리스티나Kristina från Duvemåla」에서 로버트 역으로 데뷔한 이후 탄탄한 경력을 쌓아왔다. 그리고 2012년 런던 팬텀을 시작으로, 2013년 브로드웨이, 2016년 스톡홀름 초연에서 팬텀을 맡았다.

스웨덴에서는 뮤지컬뿐만 아니라 음반에서도 큰 성공을 거두었고, 특히 2002년 발매된 그의 앨범 『나는 크리스마스에 집에 다시 올 것이다 I Will Come Home Again for Christmas』는 스웨덴에서 크리스마스 시즌마다 많은 사랑을 받는다.

「오페라의 유령」의 공연 장면.

브래드 리틀

브래드 리틀Brad Little은 미국의 뮤지컬 배우이자 가수로 2천 회 이상 팬텀 역을 소화한 5인 중 하나다. 1988년 뮤지컬 「뭐든 괜찮다Anything Goes」에서 빌리 크로커Billy Crocker 역으로 데뷔했으며, 우리나라 공연에 자주 설 뿐만 아니라 내한 공연 당시 자신의 분장을 담당했던 한국인과 결혼하는 등 우리나라와 인연이 깊다. 오랜 무대 경험을 바탕으로 뮤지컬 연출에도 도전하고 있다.

라민 카림루

이란 출신 캐나다의 배우 라민 카림루Ramin Karimloo는 22세에 「선셋 블러바드Sunset BLVD」로 웨버와 인연을 맺은 후 「오페라의 유령」에 라울 역을 맡으며 합류했고 28세의 나이로 웨스트엔드 최연소 팬텀이 되었다. 「오페라의 유령」 25주년 기념 공연, 속편 「러브 네버 다이즈Love Never Dies」의 초연 등 「오페라의 유령」의 기념비적인 공연마다 팬텀을 맡고 있다.

그 밖의 팬텀들

티머시 놀렌Timothy Nolen: 최초의 바리톤 팬텀.

로버트 기욤Robert Guillaume: 최초의 흑인 팬텀(로스앤젤레스).

놈 루이스Norm Lewis: 브로드웨이 최초의 흑인 팬텀.

롭 게스트Rob Guest: 호주와 뉴질랜드에서 7년 동안 2,289회 팬텀 역을 맡음.

하워드 맥길런Howard Mcgillin: 브로드웨이에서 2,544회 팬텀 역을 맡음.

앤서니 크리벨로Anthony Crivello: 라스베이거스에서 2,400회 이상 팬텀 역을 맡음.

데이비스 게인즈Davis Gaines: 브로드웨이, 로스앤젤레스, 샌프란시스코에서 2천 회 이상 팬텀 역을 맡음.

만물의 원리가 들어 있는 피보나치 수열

○ ○

1, 1, 2, 3, 5, 8, 13, 21, 34, 55, 89, 144, 233, 377…. 이 숫자들은 가장 유명한 수열 중의 하나인 일명 '피보나치 수열'이다.

수학에 별 관심이 없는 사람들조차 한번쯤은 들어봤을 만큼 피보나치 수열은 유명하다. 그것은 이 수열에 우주 만물의 원리가 숨어 있다는 이야기와 미학적으로 가장 아름답다고 하는 황금 비율 이야기가 매우 흥미로울뿐 아니라, 피보나치 수열이 주식 등의 투자의 기술적 분석에서 널리 쓰이는 '엘리어트 파동 이론'의 이론적 근거가 되기 때문이다.

중세의 새로운 수학책 『산반서』

피보나치 수열은 중세 이탈리아의 대표적인 수학자 레오나르도 피사노Leonardo Pisano가 1202년 저서 『산반서Liber Abaci』에 소개하면서 널리 알려졌다.

이탈리아 상업의 중심지 피사에서 태어난 피사노는 흔히 '피보나치'라고 불렸는데, 이는 '보나치의 아들'이란 뜻이다. 보나치Bonacci는 이탈리아 공무원이었던 피사노의 아버지 굴리엘모의 별명으로 요즘 말로 풀면 '쿨한 남자, 나이스 가이' 정도가 된다. 굴리엘모는 북아프리카 알제리 등에 파견되어 상인들을 지원하는 일을 했는데 피사노는 그 덕분에 자연스럽게 세계의 다양한 학문을 접할 수 있었다.

피사로 돌아온 피사노는『산반서』를 저술하여 인도-아라비아 숫자Indo-Arabicnumeral System와 십진수 체계 등을 유럽에 소개했다. 그 전까지 유럽에서 인도-아랍 숫자는 9세기 아랍 수학자 알 콰리즈미Al-Khwarizmi의 저술을 번역한 책을 통해 극히 일부 지식층에만 알려져 있었다.

'피보나치의 수'를 발견한 이탈리아 수학자 레오나르도 피사노

『산반서』에 소개된 내용은 다음과 같다.

1. 인도-아라비아숫자 시스템 소개

2. 통화의 변환, 수익 및 이자 계산의 상거래 예시

3. 여러 수학적 문제 설명

    - 중국인의 나머지 정리

    - 완전수

    - 메르센 소수

    - 등차급수

    - 사각뿔수

    - 피보나치 수열

4. 무리수

피보나치 수열이란 무엇인가?

레오나르도는 『산반서』에 '한 쌍의 토끼가 매달 암수 한 쌍의 새끼를 낳는데, 새로 태어난 토끼도 태어난 지 두 달 후면 어미가 되어 꼭 한 쌍씩의 새끼를 낳는다. 1년 후 토끼는 모두 몇 쌍이나 태어날까?'라는 문제와 함께 1, 2, 3, 5, 8, 13, 21, 34, 55, 89, 144, 233, 377…라는 풀이를 제시했다. 바로 이 수열이 피보나치 수열이다.

피보나치 수열에는 다음과 같은 특징이 있다.

첫째, 이어지는 두 숫자를 더하면 그다음 숫자가 된다.

둘째, 수열의 숫자를 하나 건너 앞의 숫자로 나누면 그 몫은 2가 되고, 나머지 값은 나눈 숫자의 바로 직전 숫자가 된다.

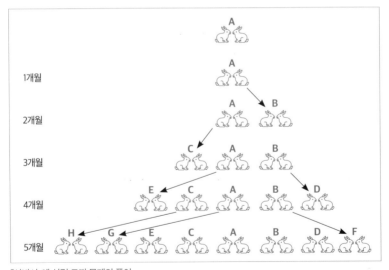

『산반서』에 실린 토끼 문제의 풀이.

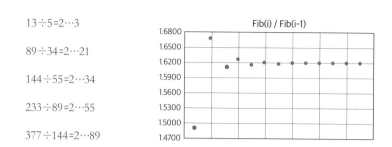

$13 \div 5 = 2 \cdots 3$

$89 \div 34 = 2 \cdots 21$

$144 \div 55 = 2 \cdots 34$

$233 \div 89 = 2 \cdots 55$

$377 \div 144 = 2 \cdots 89$

셋째, 수열의 숫자를 바로 앞의 숫자로 나누면 그 값은 점점 1.618이라는 숫자에 수렴한다.

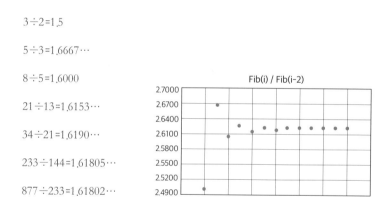

$3 \div 2 = 1.5$

$5 \div 3 = 1.6667 \cdots$

$8 \div 5 = 1.6000$

$21 \div 13 = 1.6153 \cdots$

$34 \div 21 = 1.6190 \cdots$

$233 \div 144 = 1.61805 \cdots$

$877 \div 233 = 1.61802 \cdots$

넷째, 수열의 숫자를 하나 건너의 숫자로 나누면 그 값은 점점 2.618에 접근한다.

$5 \div 2 = 2.5$

$13 \div 5 = 2.6$

$21 \div 8 = 2.625$

$34 \div 13 = 2.615\cdots$

$55 \div 21 = 2.619\cdots$

$144 \div 55 = 2.61818\cdots$

$377 \div 144 = 2.61805\cdots$

다섯째, 1.618의 역수는 0.618이며, 2.618의 역수는 0.382가 된다.

자연 속의 피보나치 수열

'숫자 이야기를 하다 갑자기 웬 우주 만물의 이치?'라고 생각할 수 있지만 실제로 피보나치 수열은 자연 속에서 쉽게 발견된다. 특히 식물들이 최적의 생존 또는 번식 조건을 찾기 위해 피보나치 수열을 선택하는 경우가 많다.

대부분의 꽃잎 수는 3장, 5장, 8장, 13장 등으로 피보나치 수를 발견할수 있다. 구체적으로 꽃잎의 수를 살피면 백합·붓꽃은 3장, 채송화·물매화·미나리아재비·패랭이·제비고깔·동백·야생장미는 5장, 모란·코스모스는 8장, 금잔화·공작국화·시네라리아는 13장, 루드베키아·애스터·치커리꽃은 21장, 질경이·제충국·데이지는 34장, 쑥부쟁이는 종류에 따라 55장과 89장이다. 이는 가장 효율적으로 암술과 수술을 감싸기 위한 필요한 꽃잎의 수를 찾아가는 과정에서 자연이 선택한 숫자다.

왼쪽 코스모스의 꽃잎은 8장, 오른쪽 금잔화의 꽃잎은 13장이다. 이처럼 피보나치 수열은 자연에서 쉽게 찾을 수 있다.

식물이 번식의 확률을 높이기 위해서는 최대한 많은 씨앗을 확보할 필요가 있다. 제한된 공간에 많은 씨앗을 확보하려면 공간 배치를 잘해야 하는데 해바라기는 피보나치 수열을 따르면서 그 모범 답안을 보여준다. 해바라기에 씨가 박힌 모양을 보면 일정한 각(황금 각도 약 137.5도)을 유지하면서 두 방향으로 뻗어 나가는 나선형이다. 중심에서 정확히 동일한 각도로는 인접한 씨앗이 없는 형태다. 즉 최소 공간에 불필요한 부분을 최소화하면서 최대의 씨앗을 촘촘하게 배치하기 위한 자연의 선택이다. 이런 배치는 데이지, 솔방울, 파인애플 등에서 발견할 수 있다.

또한 많은 식물 줄기의 잎 배열에서도 피보나치 숫자를 볼 수 있다. 식물을 위에서 내려다보면, 아래위 잎들이 최대한 겹치지 않게 배열된 모습이다. 각 잎들이 바로 위의 잎에 가려지지 않고 햇빛을 가장 잘 받을 수 있도록 피보나치 수열을 따른 것이다.

줄기를 따라 잎이 자라난 방향으로 t번 회전하는 동안 잎의 개수 n개의 비율을 구하면 사과, 체리, 떡갈나무는 2/5, 배나무, 장미, 버드나무 3/8, 아몬드, 갯버들, 쇠뜨기는 5/13 등이다. 역시 모두 피보나치 수열로 이루어져 있다.

이 밖에 바다의 파도, 태풍과 은하수의 형태, 달팽이와 소라·고동의 나선 구조 등 자연 곳곳에서 피보나치의 수를 확인할 수 있다.

최고의 화가 VS
최악의 가장

○ ○

파블로 피카소Pablo Picasso와 구스타프 클림트Gustav Klimt는 오늘날 미술
사에 이름을 남긴 가장 위대하고 인기 있는 화가들임에 틀림없다. 그런데
그들은 예술가로서의 위대한 업적과는 정반대로 한 가정의 아버지로서의
는 우열을 가리기 어려울 만큼 최악이었다. 과연 누가 더욱 최악의 가장이
었는지 그들의 인생을 잠시 돌이켜본다.

파블로 피카소

파블로 피카소(1881~1973)는 평생 끊임없이 여자들을 만났다. 피카소는
장남 파울로를 비롯해 마야, 클로드, 팔로마 등 총 네 명의 자식을 두었는
데, 화려한 여성 편력에 비해서는 다행히 자녀가 많은 편은 아니었다.

첫 번째 연인 페르낭드 올리비에Fernade Olivier(1904년 만남)는 포근하
면서도 거침이 없는 성격의 야성형 여자였고, 두 번째 연인 에바 구엘Eva
Gouel(1911년 만남)은 몸이 약해 항상 골골하는 청순가련형 여자였으며, 세
번째 연인 올가 호흘로바Olga Khok-hlova(1917년 만남)는 러시아 출신의 무용
수로 고전미가 돋보이는 귀족형 여자였다. 또 네 번째 연인 마리테레즈 발
터Marie-Thérèes Walter(1927년 만남)는 세상 물정 모르는 천진난만형 여자였

파블로 피카소의 출생지인 스페인 말라가의 광
장에 세워진 동상.

고, 다섯 번째 연인 도라 마르Dora Maar(1936년 만남)는 교양 있는 지성형 여
자였으며, 여섯 번째 연인 프랑수아즈 질로Francoise Gilit(1943년 만남)는 법
대를 다닌 인텔리로 자유분방형 여자였고, 일곱 번째 연인 자클린 로크
Jacqueline Roque(1952년 만남)는 피카소를 대부代父처럼 존경한 절대 헌신형
여자였다.

　현실에서는 못난 아버지였지만 피카소는 그림 속에서만큼은 애정을
표현했다. 「모성」과 같은 가족의 사랑을 표현한 몇 점의 그림을 그렸고 때
로는 어린 자식들의 모습을 화폭에 담았다. 사실 자식으로서의 아이가 아
닌, 아이 자체는 그가 늘 사랑한 대상 중의 하나였다. 즉 예술적 영감을 주
는 존재로서의 아이는 사랑했으나 현실에서는 그저 자신을 방해하는 귀
찮은 짐일 뿐이었다. 이런 아버지를 둔 자녀들은 아버지 보란 듯 더 잘되

든지 아니면 평범하지 못한 불우한 인생을 사는 경우가 많은데 불행하게
도 피카소의 자식들은 후자였다. 장남 파울로는 마땅한 직업 없이 아버지
의 뒤치다꺼리만 하는 알코올 중독자였고 나머지 자녀들도 아버지의 재
산에만 관심을 보였고 자살하거나 장기간 정신과 치료를 받는 등 제 앞가
림조차 제대로 하지 못했다.

피카소의 여인들 중 유일하게 피카소를 먼저 차버린 여섯 번째 여인
질로는 1965년『피카소와 함께한 삶 Life with Picasso』이란 책을 출간해 피카
소의 파렴치한 애정 행각을 적나라하게 폭로했다. 피카소는 곧 판매 중지
가처분 신청을 했으나 기각되었다. 이 일로 인해 피카소는 질로와 사이에
서 난 자식은 물론 다른 자식들과 의절을 선언했고, 질로의 아들 클로드는
1966년 피카소를 상대로 상속권 소송을 제기하면서 건널 수 없는 강을 건
너고 말았다.

엉망인 피카소의 가족사에도 불구하고 마지막까지 그의 편에서 곁을
지킨 건 마지막 연인 자클린이었다. 자클린은 50세가 넘는 나이 차를 극
복하고 피카소에게 헌신했다. 피카소가 죽은 후 그녀는 세상의 온갖 냉대
를 받아야 했고 결국 피카소의 무덤 앞에서 스스로 생을 마감했다.

구스타프 클림트

구스타프 클림트(1862~1918)는 오스트리아에서 조각가의 아들로 태어
났다. 그의 아버지는 금세공 일도 했는데 클림트의 작품 하면 떠오르는 황

구스타프 클림트의 대표작 「키스」.

금빛은 아버지로부터 영향을 받은 것으로 보인다.

　클림트는 작가 생활 초기부터 실력을 인정받았으나 화풍은 우리가 지금 아는 그림들과는 다른 평범한 사실주의 작품을 그렸다. 부르크극장, 빈 미술사박물관 계단의 홀, 트란실바니아의 펠레스키왕궁 등에 그림을 그려 넣으며 재능을 인정받고 경제적인 안정도 얻을 수 있었다. 그러다 1892년 아버지와 동생을 뇌일혈로 잃으면서 인생 전환기를 맞이했고 그는 전혀 새로운 화풍으로 작품을 그리기 시작했다. 대담한 주제, 화려한 색채감에 혁신적인 구도 등 이때부터 우리가 아는 클림트의 작품 세계가 펼쳐졌다.

　클림트는 자유분방한 삶을 살면서 평생을 독신으로 살았는데 여러 여인을 만났고 그녀들을 그의 작품으로 표현했다. 당시에는 외설적이라고

구스타프 클림트의 대표작 「아델레 블로흐바우어의 초상」.

비난받을 만큼 성과 에로티시즘을 담은 작품을 다수 그렸다. 예술이 존중받는 시대에 가장 잘나가는 화가와 그 앞에 선 모델들은 단지 직업적인 만남만 갖지 않았다. 클림트와 모델들 사이에도 소문이 무성했지만 클림트는 철저하게 사생활을 숨겼다. 하지만 1918년 클림트가 죽은 후 친자임을 주장하며 생계 부양비 지급소송을 제기한 사례가 14건이나 있었다. 그중 법원이 인정한 것은 네 건이었지만 클림트의 사생활의 상당 부분을 시사한다고 할 수 있다.

클림트에게 여성은 단지 한순간의 육체적 쾌락만을 위한 수단이 아니었다. 이 사랑꾼은 여성의 신분을 따지지 않았고 그 순간만큼은 늘 상대를 진심으로 돕고 싶어 했고 경제적 보상도 충분히 했다.

클림트의 「키스Kiss」는 인테리어 소품으로도 쉽게 볼 수 있을 정도로 오늘날까지 대중의 사랑을 받는 작품이다. 그렇기에 작품 속 여주인공이 누구인지 밝히려는 시도 또한 많았다. 그의 영원한 연인 에밀리 플뢰게 Emilie Flöge나 아델레 블로흐바우어Adele Bloch-Bauer도 주인공으로 거론되지만 특정한 인물이 아닌 클림트가 경험해왔던 사랑하는 연인 그 자체로 보는 시각이 우세하다.

한편 아델레는 클림프의 또 다른 대표작인 「아델레 블로흐바우어의 초상Portrait of Adele Bloch-Bauer」의 주인공이다. 해당 작품은 2006년 당시 회화 경매 사상 최고가인 1억 3500만 달러(약 1300억 원)에 화장품 기업 에스티로더의 사장에게 낙찰된 바 있다. 아델레는 오스트리아 재력가의 딸이자 상류층 남편을 둔 유부녀였다. 그녀의 남편 페르디난트 블로흐-바우어는 아내를 위한 선물로 유명 화가가 그려주는 초상화를 준비했는데, 역사에 남는 작품이 탄생했지만 본인으로서는 최악의 선택이었다고 할 수 있다.

이런 클림트도 스페인독감에 걸려 화려한 삶을 멈추어야 했는데 그때 나이가 56세였다. 플뢰게의 의지가 반영된 클림트의 묘지는 그의 생애를 표현하는 듯하다. 아름다움과 사랑을 추구했던 클림트답게 묘지마저 아름답다. 구속된 삶을 싫어했던 그의 비석에는 고정관념과도 같은 묘비의 생몰 연대 표기 없이 구스타프 클림트라는 이름만 새겨져 있다. 그의 영혼은 안식처에서도 자유로운 듯하다.

클라라 슈만의
인생 역전

○ ○

'슈만'이라는 이름을 들으면 보통은 독일 낭만주의 음악의 대가 로베르트 슈만Robert Schumann이 먼저 떠오를 것이다. 클라라 슈만Clara Schumann은 그다음으로, 로베르트의 아내이자 작곡자 정도로 기억되는 정도다. 하지만 사실 클라라는 여자라는 이유로 재능을 봉쇄당했던 억울한 천재였다. 또한 그럼에도 불구하고 재능을 오늘날까지 곳곳에 남겨놓은 진정한 천재기도 했다.

피아니스트 신동에서
작곡가의 아내로

독일 라이프치히에서 뛰어난 피아노 교습 교사로 유명했던 프리드리히 비크Friedrich Wieck(1785~1873)의 딸로 태어난 클라라는 아버지의 영향으로 5세 때부터 천재 피아니스트로 명성을 떨쳤다. 남편 로베르트 역시 비크의 제자였고 두 사람은 사랑에 빠졌다. 하지만 여기서부터 독일판 로미오와 줄리엣, 선녀와 나무꾼이 합쳐진 비극이 시작된다.

예나 지금이나 부모가 자식의 짝으로 성실하고 안정적인 직업을 가진 사람을 원하는 건 같았나 보다. 비크는 로베르트의 불안정한 생활을 이유로 두 사람의 관계를 극심하게 반대했다. 아무리 뛰어난 제자라고는 하지

슈만 부부의 모습을 담은 그림.

만 피아노 신동으로 앞날이 창창한 14세의 외동딸을 아홉 살이나 많은 데다가 여성 편력까지 심한 빈털터리 작곡가와 맺어주고 싶지 않았던 것이다. 급기야 비크는 로베르트를 미성년자 유괴로 고소했고 로베르트 역시 맞고소를 해 오랜 법정 다툼을 벌였다. 법정은 결국 클라라가 성년이 되면 아버지의 허락 없이 결혼할 수 있다는 판결을 내려 두 사람은 어렵게 결혼에 이르렀다.

　이런 어려움을 극복하고 결혼했으면 잘 살았어야 할 텐데 두 사람의 결혼 생활은 순탄하지 못했다. 극도로 예민한 성격이었던 로베르트는 능력 있고 아름답고 사교적인 클라라를 잃을까 불안해했다. 클라라가 자신을 떠날 것을 두려워한 나머지 클라라와의 사이에서 여덟 명의 자식을 낳았고, 그러는 바람에 클라라는 출산과 육아에 매여 음악가로서의 삶을 접어야 했다.

그 와중에 로베르트는 손가락을 다쳐 피아니스트를 포기하고 작곡에 전념할 수밖에 없었는데 너무나 예민한 탓에 클라라는 집에서 피아노를 칠 수조차 없었다. 로베르트는 점차 쇠약해졌고, 매독과 청력 장애, 정신 질환까지 앓았다. 모든 육아와 가사와 병시중은 클라라의 몫이었다. 더욱 심해져가는 우울증과 매독으로 로베르트는 자살 시도를 하고 정신병원에서 지내다 숨을 거두고 말았다.

사별 후 다시 꽃피운 재능

남편을 뒷바라지하는 과정에서 클라라는 생활을 위해 음악계에 복귀하게 되는데 작곡보다는 연주 활동에 중점을 두었다. 오랫동안 음악계를 떠나 있을 수밖에 없었던 클라라지만 뛰어난 실력으로 당대 유명 음악가들이었던 쇼팽, 멘델스존, 리스트 등과 교류했고, 특히 브람스는 클라라에게 가장 큰 도움을 준 친구이자 후원자였다. 남편이 자살 시도 이후 병원에 있는 동안 클라라는 임신 중인 몸으로 집안을 모두 책임지는 너무나 가혹한 상황이었다. 이때부터 브람스는 물심양면으로 클라라를 도왔고 마

독일 바덴바덴 리히텐탈러 거리에 있는 클라라 슈만의 흉상.

음에도 두었지만, 클라라가 친구로서 태도를 확실히 했기에 평생 좋은 친구로만 지냈다.

클라라는 70세가 넘을 때까지 활동을 이어갔는데 평생 1,300여 회가 넘은 연주회를 열었다. '리사이틀'이라고 부르는 피아노 독주회를 대중화시킨 데는 리스트와 함께 클라라가 큰 역할을 했다. 당시만 해도 콘서트홀에서 위대한 음악가들의 곡을 연주하는 피아노 공연을 티켓을 사서 듣는다는 건 생소한 개념이었다.

단지 유명한 누군가의 아내로만 기억되기에는 너무나 재능이 뛰어났던 클라라 슈만. 그녀의 삶과 작품들은 오늘날에도 재능을 감금당하고 현실이라는 이름 아래 살고 있는 누군가에게 희망과 용기를 주고 있는지 모른다.

마지막으로 클라라의 인생 이야기를 읽고 들어보면 좋을 클라라의 곡을 추천한다. 「Trois Romances, Op. 11」, 「Trio in G-minor, Op.17」이다.

수학계 최대 난제, 페르마의 마지막 정리

난제難題라는 말이 있다. '어려운 문제'라는 뜻이다. 어느 분야이든 극한의 어려움에 도전하는 이야기는 재미있다. 특히 난제에 도전하는 천재들의 이야기는 더욱 흥미진진하다. 수학 분야에서 350년 이상 천재들을 괴롭힌 난제가 있었으니 이름하여 '페르마의 마지막 정리'다.

수학 천재들을 괴롭힌 페르마의 메모

17세기 프랑스 수학자 피에르 드 페르마Pierre de Fermat(1601~1665)는 20세기 말까지 수학계의 풀리지 않는 과제로 남아 있던 의문의 정리定里를 남겼다. 그의 실제 직업은 툴루즈 지방의 의원이자 변호사였다. 전업 수학자가 아니었던 페르마는 그리스의 수학자 디오판토스Diophantus가 250년경에 쓴『산술Arithmetika』의 라틴어 번역판을 가지고 다니며 시간이 날 때마다 그 책에 소개된 수많은 미해결 문제에 도전하여 풀곤 했다. 그리고 보통 그 풀이 과정을『산술』의 여백에 적었다.

그런데 한 문제는 풀이할 여백이 부족하여 다음과 같은 메모를 남겼

17세기 프랑스 수학자 피에르 드 페르마의 초상.

다. 흥미롭게도 바로 이것이 수백 년간 수학자들을 괴롭힌 난제의 시작이었다.

> $a^n + b^n = c^n$의 관계식에서, n이 3 이상일 경우에는 이 식을 만족하는 a, b, c의 세 자연수는 존재하지 않는다. 나는 이것을 경이로운 방법으로 증명했으나, 책의 여백이 충분하지 않아 옮기지 않는다.

페르마가 죽은 후 350년이 넘는 세월 동안 여러 쟁쟁한 수학자가 이 증명에 도전했으나 누구도 완전하게 풀어내지 못했다. 이에 프랑스과학아카데미, 브뤼셀과학아카데미 등 관련 단체에서는 페르마의 마지막 정리를 증명하는 사람에게 상금을 걸기에 이른다.

수학계 난제에 도전하다

n이 3인 경우는 18세기의 수학 천재 수학자 레온하르트 오일러Leonhard Euler(1707~1783)에 의해 증명되었다. n이 5인 경우는 프랑스의 수학자 아드리앵마리 르장드르Adrien-Marie Legendre(1752~1833)가 증명했다. 르장드르는 훗날 에펠탑에 새겨진 72인의 프랑스 학자로 선정되었다.

n이 7인 경우는 가브리엘 라메Gabriel Lamé(1795~1870)가 증명했다. 오랜 시간이 걸려 조금씩 부분적으로 증명되던 이 정리의 증명에 가속도를 붙인 건 프랑스의 수성 수학자 소피 제르맹Sophie Germain(1776~1831)이었다. 제르맹은 n<100 이하인 모든 소수에 대해 증명했는데 이는 사실상 n>197인 경우를 증명한 것으로 평가받는다.

이후 독일 수학자 에른스트 에두아르트 쿠머Ernst Eduard Kummer(1810~1893)는 소수를 정규 소수와 비정규 소수로 나누고 페르마의 마지막 정리는 n이 정규 소수일 때 해를 갖지 않는 것을 증명했다. 독일의 수학자 게르하르트 프라이Gerhard Frey는 대수적 기법을 이용하여 페르마의 마지막 정리를 타원 곡선Frey's Curve의 형태로 변형시켰는데 이것은 나중에 이 정리를 최종 증명하는 데 큰 도움을 주었다.

페르마의 마지막 정리는 1994년이 되어서야 완전히 증명되었다. 영국 출신의 수학자 앤드루 와일즈Andrew Wiles가 대수기하학의 여러 개념 등 현대 수학을 동원하여 드디어 증명을 끝냈다. 와일즈는 열 살 무렵에 고향 마을의 도서관에서 페르마의 마지막 정리에 관한 책을 처음 접한 이래로 이 정리를 증명하는 것을 인생의 목표로 삼았다고 한다. 와일즈는 칩거 생활을 하면서 7년간의 연구 끝에 1993년에 이 정리의 증명을 내놓았으나 논리적 오류가 발견되었고, 1994년 새로운 방법을 사용해 결국 페르마의 마지막 정리를 증명했다.

350년이 넘은 이 난제가 해결되자 수학 천재들은 새로운 난제를 찾기 시작했다. 예를 들어 아래와 같은 '밀레니엄 7대 난제Millennium Prize Problems' 같은 것 말이다. 그리고 오늘날까지도 새로운 난제에 대한 그 답을 찾기 위한 노력이 이어지고 있다.

밀레니엄 7대 난제

- P-NP 문제 P vs NP Problem
- 호지 추측 Hodge Conjecture
- 푸앵카레 추측 Poincare Conjecture
- 리만 가설 Riemann Hypothe
- 양-밀스 질량 간극 가설 Yang-Mills Existence and Mass Gap
- 나비에-스토크스 존재성과 매끄러움 Navier-Stroke Equations
- 버치-스위너턴다이어 추측 Birch and Swinnerton-Dyer Conjecture

그런데 페르마의 마지막 정리는 증명되었으나 페르마의 마지막 수수께끼는 여전히 남아 있다. 과연 페르마가 그것을 정말로 증명했겠느냐는 것이다. 이에 대해서는 의견이 엇갈리고 있으나 대부분의 학자는 당시의 수학 발달 수준을 고려할 때 증명이 불가능했을 것이라고 추측한다.

악마의 바이올리니스트 파가니니

노래 오디션 프로그램을 보면 처음 보는 낯선 참가자들의 무대에도 대중은 관심을 보이고 새로운 스타가 탄생한다. 귀에 익숙한 곡들을 새로운 느낌으로 편곡하여 부른다는 점이 대중이 관심을 갖는 요소 중 하나일 것이다. 이렇듯 대중은 익숙함에 금방 싫증을 내면서도 전혀 낯선 것보다는 익숙함 속에서 변화를 찾는다.

오랜 기간 많은 사랑을 받는 명곡 중에는 리메이크되어 새롭게 해석되는 곡들이 많다. 그리고 이런 리메이크가 클래식 음악에도 있다.

예사롭지 않은 명성의 음악가들에게 작품이 수차례 리메이크 되어온 클래식 음악가가 있다. 프란츠 리스트Franz Liszt, 요하네스 브람스Johannes Brahms, 세르게이 라흐마니노프Sergei Rachmaninoff, 보리스 블라허Boris Blacher, 앤드류 로이드 웨버까지. 도대체 원곡자가 얼마나 대단한 사람이길래 이런 조합이 가능할까?

그 주인공의 이름은 바로 당대에 '악마의 바이올리니스트'라고 불렸던 니콜로 파가니니Niccolo Paganini(1782~1840)다. 음악계에서는 파가니니가 바이올린 연주 기법을 완성했고 그로 인해 바이올린이 오케스트라의 주인공이 될 수 있었다고 이야기한다. 그만큼 역사상 가장 위대한 바이올리니스트 중 한 명으로 여겨지는 인물이 파가니니다.

영혼을 팔고 연주력을 얻었다는
파가니니의 음악 생활

파가니니는 1782년 10월 27일 이탈리아 제노아에서 태어났다. 다섯 살부터 만돌린을 연주했고 일곱 살 때 바이올린을 연주하기 시작하면서 부터 신동으로 유명했다.

바이올린 연주 기교의 극한을 보여주었다고 평가받는 파가니니는 지나치게 뛰어난 연주 기술 때문에 평생 악마의 바이올리니스트라고 불렸다. 악마에게 연주 실력을 얻은 대가로 영혼을 파는 거래를 했다든지, 파가니니가 한 여성을 살해하고 내장을 바이올린 현으로 사용해 바이올린에 그녀의 영혼이 갇혔고 그래서 그가 무대에서 공연할 때 바이올린에서

바이올린 연주 기교의 극한을 보여준 니콜로
파가니니의 초상.

여성의 비명이 들린다든지, 비엔나의 콘서트에서 한 청중이 악마가 파가니니 연주를 돕는 것을 보았다든지…. 악마와 관련된 소문은 심지어 사후에도 파가니니를 따라다녔다.

1810년쯤부터 파가니니는 전 유럽을 순회하며 공연을 펼쳤는데 당시 신들린 듯한 그의 연주를 본 관객들은 집단 히스테리를 일으킬 만큼 혁명적인 연주력에 경악했고 열광했다. 관객 중 일부는 실신까지 했다고 한다.

바이올린에 대한 파가니니의 기술은 압도적이고 타의 추종을 불허했다. 그는 초당 열두 개의 음을 연주할 수 있었고 한 손에 네 개의 현에 걸쳐 4옥타브에 가까운 음역을 연주할 수 있었다. 또한 더블 스톱, 평행 옥타브, 바이올린 현을 손끝으로 튕기는 왼손 피치카토, 스티카토, 피킹 하모닉스 같은 운지법과 연주 기법을 선보였으며 바이올린 현 하나를 반음 높이로 튜닝하거나 다른 세 개의 현을 끊은 다음 한 현으로만 곡을 연주한 적도 있다.

파가니니는 공연에서 악보 없이 연주한 최초의 뮤지션 중 한 명이었다. 무대 위를 뛰어다니며 바이올린 하나로 말 그대로 무대를 찢어놓는 그에게 악보는 어울리지도 어울릴 수도 없었다. 그는 바이올린 한 대로 오케스트라를 재현했고 다양한 동물 소리를 냈으며 활 대신 나뭇가지를 이용해 연주하는 등 당시 상식을 뛰어넘은 공연을 펼쳤다.

파가니니가 불가능에 가까운 연주를 보일 수 있었던 것은 비정상적으로 긴 손가락과 말도 안 되는 유연성 덕분이었다. 사실 그의 긴 손가락은 유전 질환인 마르팡Marfan 증후군 때문이었고, 놀라운 속주를 펼칠 수

천재적이고 파격적인 연주를 선보인 파가니니는 '악마에게 영혼을 팔았다'는 소문에 평생 시달렸다.

있는 능력은 관절의 유연성이 과도하게 증가하는 장애인 앨러스-단로스 Ehlers-Danlos 증후군 때문이었다.

파가니니의 지나치게 뛰어난 연주력과 무대에서의 퍼포먼스는 오히려 그의 음악성을 가리는 면이 있었다. 일각에서는 진지한 음악이 아니라 경박한 잔재주를 피워 이목을 집중시킨다는 비난이 일었다. 즉 진정한 뮤지션이 아닌 단순한 테크니션으로 평가절하하는 사람들도 있었다.

파가니니가 남긴 「24개의 카프리스Paganini, 24 Caprice for Solo Violin, OP.1 No.24 in a Minor」는 그의 화려한 바이올린 기교가 총망라된 최고의 연습곡이자 바이올리니스트에게는 진정한 연주자로 가는 통과의례 같은 곡이다. '변덕스럽다'라는 의미의 카프리스는 24곡 하나하나가 파가니니의 혼이 담긴 명곡이다. 그중 제24번은 영화나 광고 음악으로도 자주 사용되는 가장 유명한 곡이다.

파가니니의 영향을 받은 음악가들

프란츠 리스트

'피아노의 왕'이라 불리는 프란츠 리스트는 파가니니의 열렬한 팬이었다. 그는 20세 때인 1831년 파가니니의 파리 연주회를 보고 피아노계의 파가니니가 되겠다고 결심했다. 과연 그는 파가니니를 벤치마킹해 어지러울 만큼 현란한 기교와 카리스마 있는 무대 장악력으로 큰 성공을 거두었다.

프랑스 화가 앙리 레만(Henri Lehmann)이 1839년 그린 프란츠 리스트의 초상화.

리스트는 파가니니의 바이올린 곡들을 피아노 독주곡으로 편곡한 여섯 곡의 『파가니니 대연습곡집』을 발표하여 파가니니에 대한 애정을 이어나갔다. 이 중 마지막 6번이 「24개의 카프리스」 24번을 편곡한 곡이다.

요하네스 브람스

요하네스 브람스는「24개의 카프리스」24번을 편곡하여「파가니니 주제에 의한 변주곡 작품 번호 35」를 선보였고 이를 '정교한 손가락을 위한 피아노 연습곡'이라 명명했다. 총 28개의 변주가 14개씩 두 권으로 되어 있으며 1863년에 완성했다. 클라라 슈만이 악보를 처음 보았을 때 연주하기가 너무 어려워서 '마녀의 변주곡'이라고 평했다고 알려져 있다.

세르게이 라흐마니노프

러시아의 거장 세르게이 라흐마니노프의「파가니니 주제에 의한 랩소디 작품 43Rachmaninov, Rhapsody on a Theme of Paganini, Op.43」도 세계적으로 많은 사랑을 받는 곡이다. 피아노와 오케스트라가 함께 연주하는 24개의 변주로 구성되어 있다.

부와 명예를 모든 이룬 라흐마니노프였지만 1917년 러시아에서 2월 혁명이 일어나자 스웨덴을 거쳐 미국에 정착한다. 전 재산이 러시아에 몰수된 탓에 그는 미국에서 생계를 위해 연주회를 여러 차례 열었다. 곧 연주자로서 다시 성공 가도를 달렸지만 작곡가로서는 다소 침체기에 빠졌기에 그에게는 상황을 반전시킬 작품이 필요했다. 이때 대중에게 친숙하게 다가가는 동시에 역량을 마음껏 펼칠 수 있는 곡으로 만든 것이 바로「파가니니 주제에 의한 랩소디 작품 43」이다.

비톨트 루토스와프스키

폴란드의 작곡가 비톨트 루토스와프스키Witold Lutosławski의 「두 대의 피아노를 위한 파가니니 주제에 의한 변주곡Variations on a Theme by Paganini for Two Pianos」은 화성의 일탈과 기존 장단조 체계를 벗어난 음향적 접근을 보여주어 공연장에서 널리 사랑받는 파격적인 곡이다.

마르크 앙드레 아믈랭

캐나다 피아니스트 마르크앙드레 아믈랭Marc-André Hamelin이 2011년 발표한 「파가니니 변주곡Variations on a Theme by Paganini」에서도 「24개의 카프리스」 24번을 주제로 14개의 변주가 이어진다. 베토벤, 쇼팽, 라흐마니노프가 구석구석 배치되어 있다.

신화에서 스타벅스까지
세이렌의 재발견

유혹誘惑은 치명적이며 위험하다. 유혹이란 말이 가장 잘 어울리는 존재 중에 '세이렌Sirens'이 있다. 세이렌은 반은 여자고 반은 새인 아름다운 요정으로, 그리스 신화에 따르면 아름다운 노래로 선원들을 유인해 죽음에 이르게 한다.

얼마나 치명적이었는지 세이렌은 위험을 알리는 '사이렌'이란 말의 어원이기도 하며, 스타벅스는 사람을 유혹하여 바다로 끌어들이려 했던 세이렌을 로고로 사용하고 있다. 오늘날 세이렌은 주로 남자를 유혹하는 아름다운 인어의 이미지로 표현된다. 영화 「캐리비안의 해적」에서도 유혹의 노래를 부르며 남성들을 치명적인 위험으로 이끄는 모습으로 나온다.

그리스 신화 속 세이렌

세이렌은 강의 신 아켈로스Achelous와 뮤즈Muse의 딸로 알려져 있다. 뮤즈는 아홉 자매인데, 그중 테르프시코레Terpsichore, 멜포메네Melpomene, 칼리오페Calliope가 세이렌의 어머니로 거론된다. 또한 고대 비극 작가 에우리피데스Euripides는 세이렌의 어머니는 플레이아데스 자매Pleiades 중 하나인 스테로페라고 언급했다. 플레이아데스 자매는 아틀라스Atlas와 플레이오네Pleione 사이에서 태어난 일곱 자매다. 세이렌은 보통 텔크시오페

Theixiope, 아글라오페Aglaope, 파르테노페Parthenope라는 이름을 가진 세 명으로 알려져 있는데, 때로는 네 명이라고도 한다.

기원전 43년 로마 시인 오비디우스Ovidius는 세이렌의 기원에 대해 기록을 남겼다. 그에 따르면 제우스의 딸이자 대지의 여신 데메테르Demeter의 딸 페르세포네Persephone가 세이렌, 아르테미스 등과 꽃밭에서 놀고 있다가 저승의 신 하데스Hades에게 납치되었을 때 세이렌은 하데스의 보복이 두려워 이를 방관했다. 그러자 이에 분노한 데메테르가 세이렌의 몸의 절반을 새로 바꿔버렸다.

또한 세이렌의 음악적 재능은 여신 헤라Hera가 노래 경연 대회를 열고 뮤즈에 도전하도록 할 만큼 훌륭했다. 세이렌은 하프를 연주하며 아름다운 노래를 불렀는데 그 소리가 너무나 아름다워서 바람마저 노래를 들으려 잠잠해졌다고 한다. 하지만 경연 결과는 뮤즈의 승리였고 패배한 세이렌의 깃털을 뽑아서 왕관을 만드는 데 사용했다는 이야기가 전해진다.

세이렌들은 세 개의 작은 바위 섬인 사이레눔 스코폴리에 살면서 배가 지나가면 다가가 긴 황금빛 머리카락을 빗으며 사랑스러운 노래를 불렀다. 배를 타고 지나가는 사람들은 바람 없는 잔잔한 바다에서 파도에 실려 들려오는 만물에 대한 지식을 노래하는 목소리에 매료되었다. 일단 그 목소리를 들으면 누구나 자석에 끌리듯 목소리를 따라갈 수밖에 없었다. 그렇게 되면 배는 창처럼 날카로운 바위에 부딪혀 난파되고 선원들은 해골 가득한 섬에서 세이렌의 또 다른 희생자가 되었다.

사이레눔 스코폴리가 어디인지에 대해서는 문헌에 따라 몇 가지 설이 있는데, 대개 티레니아해Tyrrhenian Sea 소렌토 해안의 바위 해안이 있는

메시나 해협 근방은 기암괴석이 많고 물살이 거칠다.

카프리섬, 이탈리아와 시칠리아 사이의 메시나 해협 근처 등으로 알려져 있다.

오디세우스와 오르페우스, 그리고 세이렌

전해지는 세이렌의 가장 유명한 이야기는 기원전 750년경에 쓰인 호머Homer의 『오디세이Odyssey』에 나온다. 『오디세이』는 영웅 오디세우스 Odysseus가 트로이 전쟁 이후 고향인 이타카섬으로 돌아가기까지 10년 동안의 모험을 담고 있다. 『오디세이』에 처음 등장하는 세이렌은 이후 예술적·문화적 영향을 고려할 때 생각보다는 훨씬 더 짧게 언급된다.

태양의 신 헬리오스의 딸 키르케Circe와 사랑에 빠져 전설의 섬 아이아이에Aiaea에 머무르던 오디세우스가 고향 이타카로 돌아가기로 결심했을 때, 키르케는 그를 놓아줄 수밖에 없었다. 키르케는 귀향길에서 만날 세이렌에 대해 경고하며 오디세우스에게 밀랍이 든 상자를 선물했다. 오디세우스는 이 밀랍으로 부하들의 귀를 막아 세이렌의 노래를 듣지 못하게 했다. 그러나 정작 모험가였던 오디세우스는 세이렌의 노래를 경험할 기회를 놓치고 싶지 않았다. 세이렌의 목소리가 너무나 궁금했던 그는 자신을 돛대에 묶고, 자신이 풀어달라고 하거나 혼자서 풀려고 하면 선원들에게 더 단단히 묶도록 지시했다.

오디세우스 일행이 사이레눔 스코풀리를 지날 때 세이렌은 자신에게 오면 만물의 지혜와 트로이 전쟁에 대해 알고 싶어 하는 모든 것을 이야기해주겠다고 노래한다. 세이렌에게 매혹된 오디세우스는 선원들에게 풀어달라고 고함을 지르고 위협하지만, 선원들은 사전에 지시받은 대로 세이렌의 노래가 들리지 않을 때까지 노를 저어 나갔다. 이로 인해 오디세우스는 사이렌의 노래를 듣고도 무사히 살아 귀향할 수 있었다.

세이렌의 유혹에서 살아 돌아간 또 다른 영웅은 황금 양모Golden Fleece를 찾아 길을 떠난 이아손Iason과 아르고호 원정대였다. 이들은 오디세우스보다 세이렌에 더 적극적으로 대응했다. 원정대에는 태양신 아폴론Apollon과 뮤즈 칼리오페의 아들로 타고난 시인이자 음악가 오르페우스Orpheus가 있었다. 오르페우스의 능력을 믿은 이아손은 밀랍으로 귀를 막지 않았다. 오르페우스는 세이렌이 노래를 부르며 다가올 때 노랫소리를 묻어버릴 만큼 크고 사랑스러운 연주로 맞대응하여 사이렌의 유혹을 이겨냈다.

오디세우스 일행이 세이렌의 유혹을 받는 장면을 그린 영국 화가 허버트 제임스 드레이퍼(Herbert James Draper)의 「오디세우스와 세이렌들(Ulysses and the Sirens)」(1909).

원정 대원 중에 유일하게 테레온Teleon의 아들 브테이스Butes만이 세이렌의 노래에 유혹되어 배 밖으로 뛰어내려 세이렌을 향해 헤엄쳤으나 다행히 아프로디테에 의해 구원을 받았다. 이후 브테이스는 아프로디테와 아들 에릭스Eryx를 낳았다.

전설에 따르면 자존심이 너무나도 강한 세이렌은 자신의 노래로 유혹에 실패하면 죽을 운명이었다. 그래서 오디세우스와 오르페우스 일행이 무사히 빠져나갔을 때 세이렌들은 모욕감을 느낀 나머지 바다에 몸을 던져 자살했다.

세이렌은 팜 파탈이 아니라
지혜를 전하는 존재?

세이렌의 이야기는 수천 년 동안 많은 작가, 시인, 예술가 등에게 영감을 주었다. 그러나 후대에 그려진 세이렌의 모습은 왜곡된 면이 있다. 오늘날 세이렌은 주로 아름다움과 섹슈얼리티로 남성을 죽음으로 끌어들이는 아름다운 인어로 표현되고 있다. 이것은 사실 세이렌 입장에서는 다소 억울할 수 있는 점이다.

그리스 신화에서 세이렌은 인어가 아니라 반은 새고 반은 여자인 모습으로 묘사된다. 보통 여자의 머리와 새의 몸을 가졌지만, 여자의 몸과 새의 머리를 가진 모습으로도 그려진다. 7천여 년 전 고대 지중해와 중동 문

그리스 신화를 비롯해 지중해, 중동 문화에서 세이렌은 반은 인간, 반은 새의 모습이며, 사진 속 현대 일러스트에도 이런 모습이 반영되었다.

화에서 새는 종종 영혼을 지하 세계로 운반하는 역할로 묘사되었다. 그리고 성적인 유혹보다는 금지된 지식을 이야기하는 캐릭터로 받아들여졌다. 바다의 외로운 섬에서 삶과 죽음의 경계 사이를 떠다니며 세이렌은 금지된 지혜를 말하고 거부할 수 없는 노래를 불렀다.

세이렌이 부르는 노래 속 금지된 지식은 무엇이었을까? 이것은 오늘날도 여전히 우리에게 유효한 질문이다. 어디까지 알아야 하며 어디까지가 알 수 있는 것이고 또 어디부터는 몰라야 하는 지식인지. 그 모호한 경계 속에 바로 '유혹'이 있다.

잔인한 4월과
쿠마에의 무녀

흔히 5월을 계절을 여왕이라고 하지만 4월 역시 벚꽃의 분홍빛 물결로 시작해 연둣빛으로 가득한 5월 못지않게 아름다운 달이다. 그런데 이토록 찬란한 4월이 어쩌다가 '가장 잔인한 달'이라고 불리게 되었을까?

널리 알려진 대로 영국의 시인 토머스 스턴스 엘리엇Thomas Stearns Eliot의 작품인 「황무지The Waste Land」(1922)의 첫 번째 장 '죽은 자의 매장The Burial of the Dead' 첫 소절에서 '4월은 가장 잔인한 달'이라고 표현한 데서 유래했다.

「황무지」는 20세기 영시 중에 가장 중요한 작품 중 하나로 평가받는다. 총 5개 장, 434행으로 이루어진 「황무지」의 서두에는 다음과 같은 명구가 등장한다.

한번은 쿠마에의 무녀가 호리병 속에 매달려 있는 것을 직접 보았지요.

아이들이 "무녀야, 넌 뭘 원하니?" 라고 물었을 때 그녀는 대답했지요.

"죽고 싶어."

가장 잔인한 4월이 돌아올 때마다 엘리엇과 함께 소환되는 '쿠마에의 무녀Cumaean Sibyl'는 누구일까? 고대 그리스에서 시빌Sibyl, Sibylla은 아폴론

1천 년을 살았다는 쿠마에 시빌은 회화에서 다양한 모습으로 묘사되어왔다.

의 신탁을 받는 무녀 혹은 예언자를 뜻하며 지역마다 여러 시빌이 있었다. 그중에서도 가장 유명한 시빌은 나폴리 근처 고대 그리스의 식민 도시인 쿠마에의 무녀였다. 그 시대의 인물이 대체로 그러하듯 쿠마에의 무녀 역시 누구 못지않게 신화와 역사가 혼재된 캐릭터다.

문학 속의 시빌

오비디우스의 『변신 이야기』에 따르면 아폴론은 그녀의 아름다움에 반해 한 가지 소원을 들어주겠다고 했다. 그녀는 한 줌의 모래를 쥐어 들고, 이 모래의 숫자만큼 생일을 갖게 해달라고 말했다. 아폴론은 그녀에게 1천 년의 삶을 주었지만 영원한 삶과 영원한 젊음은 다른 것이었다. 그녀가 구애를 거절했기 때문에 아폴론은 영원한 젊음은 주지 않았다. 그 후 쿠마에의 무녀는 1천 년 동안 점차 늙고 왜소해져갔고 몸은 호리병 속에 들어갈 만큼 작아지다 결국 사라지고 목소리만 남았다. 그렇게 영원의 축복은 그녀에게 가장 가혹한 저주가 되었다.

1천 년의 삶을 사는 동안 쿠마에 시빌이 세상에 남긴 흔적을 여러 예술과 문학 작품들에서 만나볼 수 있다. 트로이의 유민을 이끌고 이탈리아반도로 이주하여 로마 건국의 기틀을 닦았다고 알려진 트로이의 영웅 아이네이아스Aeneas도 쿠마에 시빌을 만났다. 그때 쿠마에 시빌은 700세였다.

쿠마에 시빌이 아이네이아스를 저승으로 안내하는 장면을 그린 회화. 대 얀 브뢰헬(Jan Brueghel The Elder)의 「저승의 아이네이아스와 쿠마에 시빌(Aeneas and the Cumaean Sibyl in the Underworld)」(1630년대).

아이네이아스는 앞서 신탁을 받았는데 새로운 나라를 세우려면 저승으로 내려가 아버지 안키세스에게 조언을 들어야 한다는 것이었다. 쿠마에 시빌은 아이네이아에게 저승의 안내자 역할을 해주었다.

예언 신탁집 『시빌라의 서』

고대 로마의 지도자들은 위기를 겪을 때마다 무녀 쿠마에 시빌의 예언 신탁집 『시빌라의 서Sibylline Books』를 참고했다. 거의 900년 동안 그랬다고 한다.

『시빌라의 서』에 대한 가장 유명한 이야기는 로마 7왕Seven Kings of Rome 중 마지막 왕인 루키우스 타르퀴니우스 수페르부스Lucius Tarquinius Superbus 의 시대가 배경이다. 기원전 500년경까지 거슬러 올라간다.

당시 쿠마에 시빌은 로마의 앞날을 세세하게 기록한 아홉 권의 예언서를 타르퀴니우스 왕에게 팔려고 했으나 왕은 전설의 예언자 쿠마에 시빌을 알아보지 못했다. 더군다나 쿠마에 시빌이 요구하는 책의 가격이 너무 비싸다고 생각해 거절하고 쫓아내버렸다. 그러자 쿠마에 시빌은 책 세 권을 불태워버린 뒤 이튿날 다시 왕을 찾아와 나머지 여섯 권을 원래와 같은 값에 내놓았다. 하지만 왕은 두 번째 제안도 거절했고, 쿠마에 시빌은 다시 세 권을 더 태워버리더니 나머지 세 권을 다시 처음 요구했던 가격으로 내어놓았다. 그제야 사태 파악이 된 왕은 자신의 실수를 깨닫고 모든 예언이 사라지는 것을 두려워하여 남은 세 권의 책을 원래 아홉 권의 가격으로 구매했다. 훗날 로마인은 예언서가 모두 존재했다면 로마는 1천 년이 아닌 더 오랫동안 번영했을지 모른다고 아쉬워했다.

그 책들은 이후 로마의 카피톨리노 언덕에 자리한 주피터신전 지하 금고에 안전하고 비밀스럽게 보관되었고 나라에 중대한 사건이 있을 때만 열어보며 참고할 수 있었다. 전염병과 같은 재앙이나 카르타고의 한니발과의 전쟁 등 비상시마다 로마의 왕은 예언서를 펼쳐 예언을 찾아 해석한 다음 위험을 피하기 위해 해야 할 일을 발표했다. 『시빌라의 서』는 힘과 지혜의 원천이 되었으며 정치적 의사결정의 명분과 근거가 되었다. 사실 예언서는 공개되지 않았고 비밀스럽게 보관되었기 때문에 왕이 원하는 대로 해석하고 발표할 수 있었다. 쿠마에 시빌의 예지력의 정확성과는 별개로 정치적으로 이용하기에 가장 강력한 도구였던 셈이다.

세 권의 『시빌라의 서』는 기원전 83년 화재로 소실되었다. 마치 쿠마에 시빌의 몸처럼 영원히 사라져버렸다고 전해진다.

사포의 명시는
영원하다

기술의 발전으로 전 세계의 교류가 많아지면서 다른 나라, 다른 문화의 작품을 감상하고 즐기는 것이 일상화되었다. 우리는 할리우드 영화와 유럽의 축구 경기를 즐겨 보고 세계인은 우리의 K-POP을 즐기는 세상이다.

하지만 다른 나라의 언어로 쓰인 작품들을 저자의 감성과 의도까지 완전히 이해하며 읽는 것은 쉽지 않은 일이다. 특히 시가 그렇다. 더구나 기원전 고대 그리스에서 쓰인 시의 아름다움을 현대인인 우리가 완전히 공감하기는 무척 어렵다. 그렇지만 오랜 시간의 흐름 속에서도 여전히 사람들의 감성을 건드리는 고대 시인 사포가 있다.

고대 그리스의 서정 시인, 사포

사포Sappho는 기원전 6세기 고대 그리스의 가장 위대한 서정 시인 중한 명으로 손꼽힌다. 신들의 이야기나 전쟁 영웅의 이야기를 담은 서사시의 전성시대에 사포는 사랑의 감성으로 사람들의 마음을 움직였다. 당시 여성이 교육을 받거나 사회생활을 제대로 할 수 없었던 남성 중심의 사회에서 여성인 사포가 최고의 시인으로서 인정받는 것은 쉬운 일이 아니었다.

사포는 사랑이라는 인간의 가장 세밀한 감정을 섬세한 언어로 시에 녹여냈고 플라톤은 그녀를 '열 번째 뮤즈'라고 부를 만큼 높이 평가했다. 서

사시에 호메로스가 있다면 서정시에는 사포가 있다는 말까지 있었다. 그 뒤로 그녀의 작품들은 수 세기에 걸쳐 전승되어 많은 시인에게 영감을 주었다.

그런데 작품에 비해 사포의 삶에 대해 알려진 것은 거의 없다. 사포의 작품들 중 완전한 형태로 존재하는 것은 단 두 편뿐이기 때문에 오늘날 알려진 사포의 삶 대부분은 후대 역사가가 상상력을 발휘해 해석하고 재구성한 것들이다. 따라서 그것들조차 서로 엇갈리는 경우가 상당하다.

사포는 기원전 615년경 그리스 에게해에 있는 레스보스섬 미틸리니의 귀족 가정에서 태어났다. 에리기우스Erigyius, 라리코스Larichus, 카락소스Charaxus 등 세 명의 형제가 있었고 아버지를 7세 때 일찍 여의었다.

사포가 남긴 작품들은 때때로 고대 시인과 학자를 당혹스럽게 했다. 고대 지중해 문화에서 여성들은 조용하고 통제된 삶을 살았으며 정규 교육에 대한 접근 역시 제한적이었다. 그러나 사포의 작품들은 특권층 집안 출신의 영향인지는 모르겠지만 그녀가 음악과 미술, 문학 등에 교육을 받았음을 분명히 보여준다.

사포는 세르실라스Cercylas라는 부유한 남자와 결혼하여 클레이스Cleis, Kleida라는 딸을 낳고 살았다. 레스보스섬의 정치적 불안으로 집안이 미틸리니에서 추방당하면서 시칠리아로 이주했다가 상황이 나아진 후 다시 미틸리니로 돌아와 살았다. 그사이 남편이 사망했고 사포는 생계를 위해 젊은 여성을 위한 아카데미를 열어 음악과 시와 춤 등을 가르쳤다. 사포의 학교는 아프로디테와 에로스를 숭배했고, 사포는 헌신적인 교사이자 시인으로 큰 명성을 얻었다.

사포는 아카데미를 열어 음악, 시, 춤 등을 가르쳤다고 알려져 있다. 토마스 랠프 스펜스(Thomas Ralph Spence)의 「사포의 제자들(The Disciples of Sappho)」(1896).

    고대 로마의 시인 오비디우스는 사포의 죽음을 파온Phaon 신화와 연관 지어 이야기한다. 파온은 미틸레네의 추악하고 늙은 뱃사공이었는데 노파로 가장한 아프로디테를 보트로 소아시아까지 태워주었고 아프로디테는 그 대가로 연고를 주었다. 후대에 연금술사들에게 '생명의 비약'이라고 칭해지는 그 연고를 바른 파온은 아름다운 청년으로 변했고 아름다움으로 많은 여성을 매료시켰다. 사포 역시 그와 사랑에 빠져 연인이 되었지만 파온은 그녀를 버렸고 사포는 그로 인해 레프카다 절벽에서 몸을 던졌다고 한다.

    하지만 사포의 자살은 아프로디테의 추종자인 파온의 아름다움을 칭찬한 사포의 시 중 하나를 잘못 해석한 것이라는 주장도 있다. 사포가 기원전 550년경 노환으로 사망했다는 설 또한 있다. 사포가 죽은 뒤 고향 레스보스에서는 동전에 그녀의 모습을 새겨 기렸다고 전해진다.

레즈비언의 유래

오늘날 사포의 시와 함께 사포를 상징하는 대표적인 것이 바로 동성애다. '레즈비언Lesbian'이라는 단어는 사포가 태어난 레스보스Lesbos섬의 이름에서 유래했으며 사포에 대한 암시다. 사포가 남긴 작품의 어조와 내용을 살펴본 여러 후대 학자가 그녀는 레즈비언이라고 주장했다.

정말 사포는 레즈비언이었을까? 이것은 현대 학자들 사이에서도 여전

사포가 동성애자였다는 설에 근거해 그려진 그림. 니콜라이 아브라함 아빌고르(Nicolai Abraham Abildgaard)의 「그리스 시인 사포와 미킬렌의 소녀(The Greek Poet Sappho and the Girl from Mytilene)」(1809).

히 논쟁의 대상이다. 고대 그리스의 사회적 규범이 오늘날의 것과 다르고 실제로 그녀의 삶에 대해 알려진 것이 거의 없기에 누구도 분명하게 대답하기는 어렵다.

다만 당시의 역사적 환경과 사회적 가치관, 문화적 특이성을 함께 이해할 필요가 있다. 사포가 살던 시대의 사람들에게는 동성애에 대한 부정적 인식이나 도덕관이 없었다. 따라서 당시 미틸리니에서 사포는 레즈비언으로 정의되지 않았다. 요즘과 같은 의미의 레즈비언이라는 단어는 빅토리아 시대에 와서야 널리 사용되었다는 점을 우리는 감안해야 한다.

굳이 오늘날의 의미로 평가한다면 아마도 그 정의 방법에 따라 다르다고 할 수 있을 것이다. 비非성적인 의미에서 인간의 욕구와 삶의 방식에서 여성에 대한 사랑의 초점으로 레즈비언으로 정의한다면 사포는 레즈비언이라 할 수 있다. 그러나 레즈비언이 다른 여성과 성관계를 갖는 여성으로 더 좁게 정의되면 사포를 레즈비언으로 확정할 만한 증거는 없다. 물론 아니라는 증거도 없다.

사포의 시

사포는 수많은 시를 남겼다. 그녀의 시는 기원전 3세기경부터 후대 사람들에 의해 사본으로 전해지고 인용되었다. 헬레니즘 시대에는 아홉 권의 책으로 만들었고 시의 행이 무려 1만 행을 넘었다. 하지만 안타깝게도 사포의 시는 대부분은 소실되었다. 현재까지 온전하게 전해지는 것은 단

두 편뿐이다. 나머지는 대부분 70개 미만의 조각난 형태로 전해진다. 이것은 시간의 흐름 속에서 자연스럽게 사라진 것도 있겠지만 대부분은 의도적으로 파괴되었다. 교회는 인간의 감정을 숨김없이 드러낸 사포의 시적 표현들이 불편했고 동성애와 같은 도덕성을 문제 삼아 사포의 시를 없애려 했다. 갑바도기아의 교부教父(가톨릭의 고위직)였던 나지안주스의 그레고리Gregory of Nazianzus(339~390)와 교황 그레고리 7세Gregorius Ⅶ(1020~1085)는 사포의 시를 불태우게 했다.

그럼에도 불구하고, 그녀의 시는 극히 일부분만으로도 후대 사람들에게 큰 공감을 불러일으켰다. 오늘날 전해지는 사포의 시는 주로 고대에서 현대에 이르기까지 여러 다른 작가의 작품에 인용된 것과, 지금까지도 조금씩 발견되고 있는 파피루스 발췌문이다. 1879년 이집트의 페이윰에서 그녀의 시 조각이 담긴 파피루스가 발견되었으며, 2004년 이집트의 미라관 속에서 101개의 단어로 구성된 사포의 시가 적힌 파피루스 조각이 발견되었다.

그리고 오늘날 전해지는 가장 오래된 시 조각은 기원전 3세기에 제작된 쾰른 파피루스로 고대 그리스 신학자 티토노스Tithonos의 시를 담고 있다. 여기에 사포의 머리가 검은색이라고 언급되었다. 2014년에 발견된 새로운 파피루스에서는 '브라더스 송Brothers Song'이라고 불리는 비교적 완전한 형태의 시가 발견되었다. 처음 세 개의 연이 소실되었지만 다섯 개의 완전한 연이 있으며 명확하게 알려지지 않았던 사포의 가족에 대한 이야기를 제공해주었다. 이 시는 해상 무역을 떠난 사포의 두 형제 라리코스와 카락소스의 안전한 귀환을 노래한 시다.

시 「Fragment 16」

이집트의 파피루스에서 발견된 사포의 「Fragment 16」은 사랑의 중요성을 노래한 서정시다. 시에서 사포는 당시 남성은 기마병, 보병, 배 등 군사력이 세상에서 가장 아름답다고 말하지만, 자신의 생각에는 아름다움이 사랑하는 사람에게 있다고 한다. 그 예로 고대 그리스에서 가장 아름다웠던 헬렌이 사랑하는 사람을 선택하기 위해 남편과 가족을 버리고 트로이의 왕자 파리스를 따라간 것을 언급한다. 호머는 『일리아드』에서 헬렌의 이런 선택을 미의 여신 아프로디테의 조종당한 것으로 서술했으나 사포는 헬렌 스스로의 선택으로 노래한다. 사포는 이어 자신의 학생 중 한 명으로 생각되는 지금은 곁에 없는 아낙토리아Anactoria라는 여성을 등장시키며 간접적으로 헬렌과 비교한 다음 남성의 상징과도 같은 웅장한 군대의 모습보다 그녀의 아름다움을 그리워한다.

어떤 사람들은 어두운 대지 위의 기병대가

어떤 사람들은 다른 보병대가 또 어떤 사람들은 함대들이

가장 아름다운 것이라 말하지만,

나는 당신이 가장 사랑하는 것이 가장 아름다운 것이라 말하겠어요.

이것을 모든 사람들에게 이해시키는 것은 아주 쉬운 일이에요.

가장 아름다운 헬렌은 누구보다 뛰어난 남편, 딸, 부모를 버리고

트로이로 배를 타고 떠났어요.

(손실) 마음…

가볍게… 생각하는…

이제 나에게 떠나간 아낙토리아를 떠올리게 하네요.

전차와 반짝이는 갑옷을 입은 리디아의 군대를 바라보는 것보다

그녀의 사랑스러운 발걸음,

반짝이는 눈, 그녀의 얼굴을 보고 싶습니다.

시 「Fragment 31」

잘 보존된 또 다른 작품이자 사포의 가장 유명한 작품 중 하나인 「Fragment 31」의 주제를 한마디로 표현하면 '질투심'이라 할 수 있다. 이 시에서 사포는 멀리서 남자와 여자의 대화를 지켜보고 있다. 그들과 떨어져 있는 거리감만큼 불안과 긴장은 커져간다.

당신의 맞은편에 앉아서 당신의 말을 듣고 있는 그는

나에게 신들과 같은 존재인 것 같아요.

달콤한 말들과 즐거운 웃음

내 가슴을 두근거리게 합니다.

잠시만 당신을 쳐다보기만 해도

난 아무 말도 할 수 없습니다.

마치 내 혀가 고장 난 것 같아요.

부드러운 불꽃이 내 피부 위로 흘러내렸고,

나는 아무것도 볼 수 없었고

내 귀는 윙윙거리고

식은땀이 흐르고

떨림이 나를 붙잡아

나는 풀보다 더 창백하고 거의 죽은 듯합니다.

하지만 모든 것은 감히 견뎌야 합니다.

(불쌍한 사람이라도)…

3장

여유로운 삶

경제·경영

커피 한 컵의
경제학

○ ○

오늘날 커피는 전 세계적으로 가장 사랑받는 기호식품 중 하나다. 어쩌면
기호식품을 넘어 일상의 한 부분이 되었다는 표현이 더 맞는지도 모르겠
다. 이런 커피 한 잔(요즘에는 한 컵이란 표현이 더 많이 사용된다) 속에도 경제가 들
어 있다.

커피와 경제 지수

커피 한 컵의 가격만 알면 전 세계 통화의 상대 가치를 간단히 따져볼
수 있다. 2013년 『월스트리트저널』에서 개발한 '라떼 지수Latte Index'는
구매력 평가PPP를 사용하여 동일한 제품, 즉 스타벅스의 카페라떼Grande
Latte(톨 355밀리리터 기준)의 전 세계 29개국의 판매 가격을 조사한 뒤 미국
달러로 변환한 다음 벤치마크인 뉴욕의 스타벅스 라떼 가격과 비교한다.
이는 '모든 재화의 가격은 동일하다'는 가정 아래 국가 간 재화의 가격 차
이가 환율에 의해 결정된다는 '구매력 평가설'에 이론적 기반을 두고 있
다. 만약 어떤 국가의 라떼 가격이 뉴욕의 가격보다 낮다면 해당 국가의
통화는 저평가되고 있다는 의미다. 그러나 이 지수는 각국의 인건비, 물가

등의 경제 요인을 고려하지 않은 한계가 있다.

스타벅스 커피 가격을 이용한 또 다른 지수로 '스타벅스 지수'와 '파인더의 라떼 지수'가 있다. 우선 스타벅스 지수는 2004년『이코노미스트』

| 2019년 파인더의 스타벅스 라떼 지수 |

순위	국가	도시	미 달러 환산 가격 (단위: 달러)
1	덴마크	코펜하겐	6.05
2	스위스	아라우	5.94
3	핀란드	반타	5.40
4	마카오	마카오	5.21
5	룩셈부르크	룩셈부르크	5.18
6	노르웨이	오슬로	5.14
7	홍콩	홍콩	4.60
8	싱가포르	싱가포르	4.50
9	독일	뮌헨	4.39
10	러시아	모스크바	4.35
11	벨기에	루뱅	4.35
11	모나코	모나코	4.35
13	스웨덴	스톡홀롬	4.34
14	퀴라소	발렘스타트	4.34
15	레바논	마운트 레바논	4.31
16	미국	뉴욕	4.30
17	프랑스	파리	4.30
18	아랍에미리트	두바이	4.29

출처: https://www.finder.com/kr/starbucks-index

가 구매력 평가를 이용해 세계 16개국 스타벅스 라떼(톨 355밀리리터 기준)의 상대가격을 비교한 것이다. 이에 비해 온라인 매체 파인더Finder는 76개국의 스타벅스 라떼(톨 355밀리리터 기준) 가격을 비교하는데, 미국 달러로 표시된 라떼 가격과 함께 각 국가의 1인당 GDP를 함께 살펴볼 수 있는 자료를 제공한다. 이것이 바로 파인더의 라떼 지수다.

스타벅스의 라떼 가격을 이용하여 이런 비교가 가능한 이유는 표준화된 재료와 조리법으로 전 세계에서 동일하게 만들어지기 때문이다.

이와 비슷하게 표준화된 제품으로 나라 간 가격을 비교한 다음과 같은 지수들도 있다.

맥도날드 빅맥 지수(MacDonald's Big Mac Index)

코카콜라 지수(The Coca-Cola Index)

콤섹 아이팟 지수(CommSec iPod Index)

도미노 미디엄 페퍼로니 피자 지수(Domino's Medieum Pepperoni Pizza Index)

이케아 빌리 지수(IKEA Billy Index)

농심 신라면 지수

비용 측면에서 바라본 커피 한 컵

이번에는 비용 측면에서 커피를 살펴보자. 커피 생두가 생산지에서 수확되어 우리가 매장에서 커피를 마시기까지는 여러 과정을 거쳐야 한다.

커피나무 재배, 수출, 로스팅 작업, 매장 관리 등 모든 단계에 드는 비용이 커피 한 컵의 가격에 포함되어 있다.

물가는 지속적으로 변하고 나라마다 상대 비용의 차이가 있어 커피 원가를 표준화하는 것은 어렵지만 스페셜티커피협회Specialty Coffee Association가 제공하는 2018년 자료를 바탕으로 다음 표와 같은 대략적인 커피 한 컵(그란데 475밀리리터 기준)의 원가 구성을 짐작할 수 있다.

| 커피 한 컵의 원가 구성 |

구분	항목	비용 (단위: 달러)	원가 비중 (단위: 퍼센트)
원산지	커피 생두 재배 비용	0.07	2.5
수출	수출 업자의 부대 비용(창고 보관비, 관세, 물류비 등)	0.02	0.7
	수출 업자 이익	0.15	5.2
로스팅	로스팅 가공비	0.12	4.4
	판매비 및 관리비	0.22	7.9
	세금	0.02	0.5
	로스팅 업자 이익	0.03	1.0
커피 전문점	인건비	0.59	21.0
	시설비	0.41	14.5
	소모성 자재비(컵, 스틱 등)	0.24	8.6
	홍보비	0.08	3.0
	일반 관리비	0.42	15.0
	기타 고정비	0.11	4.0
	세금	0.13	4.6
	커피 전문점 최종 순이익	0.19	6.9

해당 자료에서 커피 한 컵의 판매 가격은 2.8달러고 총원가는 2.61달러로 커피 한 컵을 판매해서 남는 순이익은 0.19달러다. 6.9퍼센트의 이익률에 해당한다. 원가에서 가장 큰 비중을 차지하는 것은 커피 전문점의 인건비로 총원가의 21퍼센트에 해당하고 시설비와 일반 관리비가 그다음으로 높은 비중을 차지한다. 여기서 아이러니한 사실은 커피 맛을 결정하는 가장 중요한 생두 관련 비용이 원가의 16.4퍼센트밖에 되지 않는다는 점이다. 품질과 가격 사이의 괴리감이 느껴지는 대목이다. 이런 커피 농가의 지나치게 낮은 이익 배분 구조는 그 불합리성을 개선하기 위해 커피 농가와 직거래를 함으로써 적정한 이윤을 보장하는 '공정무역 커피'가 등장하는 배경이 되었다.

전 세계의 커피 산지들

커피 한 컵의 원가를 따질 때 비중은 낮다 하더라도 커피 재배는 주요 생산지의 커다란 경제적 버팀목이다. 개발 도상국들에게 커피는 석유 다음으로 중요한 외화 획득 자원이고 일자리 창출에도 크게 기여하고 있다. 커피를 생산하는 나라들은 70개국이 넘지만, 생산량 상위 10개국이 커피 전체 시장 점유율의 87퍼센트를 차지한다. 잘 알려진 것처럼 브라질, 베트남, 콜롬비아, 인도네시아, 에티오피아 등이 주요 산지다.

순위	국가	생산량 (단위: Million-60kg Bags)*	시장 점유율 (단위: 퍼센트)
1	브라질	63.4	37.40
2	베트남	29	17.10
3	콜롬비아	14.3	8.40
4	인도네시아	12	7.10
5	에티오피아	7.3	4.30
6	온두라스	6.1	3.60
7	인도네시아	5.7	3.40
8	우간다	5.6	3.30
9	멕시코	4	2.40
10	페루	3.8	2.20
11	과테말라	3.7	2.20
12	니카라과	2.7	1.60
13	코트디부아르	1.8	1.10
14	코스타리카	1.5	0.90
15	탄자니아	0.9	0.50
16	케냐	0.7	0.40
17	파푸아뉴기니	0.7	0.40
18	라오스	0.6	0.40
19	엘살바도르	0.6	0.40
20	태국	0.6	0.40

* 커피의 생산량, 수출입 관련 통계에서는 '60킬로그램짜리 커피 원두 1포대'가 기준 단위다.
예를 들어 63.4 Million-60kg Bags는 '63.4•1,000,000•60/1000'로 계산되어 380만 4천 톤에 해당한다.

브라질

18세기 초 프랑스 정착민에 의해 커피가 처음 들어온 이후 세계 최대 생산국이 된 브라질은 세계 커피 공급의 약 35퍼센트를 생산한다. 그 비결은 '테라로사'라 불리는 비옥한 토양과 커피 재배에 완벽한 기후다. 브라질의 커피 농장은 다른 남미 국가들과 달리 비교적 저지대에 위치해 경쟁력이 더 높은데 그 규모가 약 2만 7천 제곱킬로미터에 이른다. 브라질 커피는 적당한 산미에 고소한 맛과 단맛까지 밸런스가 좋아 블렌딩에 잘 활용된다.

베트남

베트남은 상대적으로 저렴한 로부스타 원두에 집중함으로써 국제 시장에서 틈새시장을 공략했다. 로부스타 원두는 아라비카 원두보다 최대 두 배 많은 카페인을 함유하고 있어 쓴맛이 강하다. 베트남은 세계 로부스타 원두 생산량의 40퍼센트 이상을 차지한다. 1857년 프랑스에서 커피 재배 방식이 도입된 이후 정부 주도의 경제 정책에 따라 커피 산업이 발달되었다. 베트남은 1만 제곱미터 면적당 2.4톤의 커피를 생산하여 다른 주요 생산국보다 생산성이 월등히 높다. 베트남에서는 전통적인 드립 방식으로 커피를 추출한 뒤 설탕 대신 연유를 넣어 진하면서도 부드럽고 달콤한 커피 맛을 즐긴다.

콜롬비아

브라질이 커피 생산량 1위라면 콜롬비아는 커피 품질 1위를 자처할 만큼 양질의 커피로 유명하며, 특히 수프레모로 대표되는 마일드 커피의 대표 생산국이다. 수프레모는 스크린 사이즈(원두의 폭 길이. 1스크린 사이즈는 0.4밀리미터다) 17 이상인 콜롬비아 스페셜티 커피의 최고급 등급을 말한다. 부드러운 신맛, 쓴맛, 단맛과 진한 초콜릿 향이 특징이다.

콜롬비아가 대표적인 커피 생산국으로 자리매김하는 데는 콜롬비아 국립카페연맹FNC, Federacion Nacional de Cafeteros de Colombia이 만든 광고가 한몫했다. 후안 발데스Juan Valdez라는 커피 농부가 등장하는 광고 캠페인 이 세계적으로 인기를 끌었기 때문이다.

인도네시아

인도네시아는 풍부한 강수량, 화산재 지형 등 커피 재배에 적합한 자 연환경과 기후를 가지고 있다. 토라자, 만델링, 가요 마운틴 등의 품종이 유명한데 토라자는 술라웨시섬에서, 만델링과 가요 마운틴은 수마트라섬 에서 생산된다. 또한 자바섬의 자바 커피도 유명한데 컴퓨터 프로그래밍 언어 중 하나인 자바Java도 개발자가 좋아하던 자바 커피에서 이름을 따온 것이다.

인도네시아에서 가장 유명한 것은 세계에서 가장 비싼 커피의 하나로 손꼽히는 발리의 스페셜 커피인 코피 루왁이다. 코피 루왁은 사향고양이 의 배설물에서 채취된 원두로 독특한 풍미를 자랑한다.

운동화로 돈 버는 스니커테크

멋진 정장을 차려입은 사람들이 여기저기서 입찰 패드를 든다. 긴장 가득한 짧은 침묵 뒤에 "낙찰되었습니다!"라는 경매사의 선언이 이어지고 박수가 쏟아진다. 치열한 눈치 싸움과 빛보다 빠른 계산이 숨 가쁘게 일어나는 곳, 우리가 아는 경매장의 모습이다. 이렇듯 보통 예술 작품이나 희귀한 유물, 보석 등이 경매장에서 새로운 가치를 인정받으며 새로운 주인을 만난다. 그런데 2019년 크리스티와 함께 세계 미술품 경매의 양대 산맥이라 불리는 소더비에 스니커즈가 경매 물품으로 등장했다.

세계 경매 시장의 스니커즈

그동안 일부 마니아층에서 거래되던 한정판 스니커즈는 기존의 경매 품목과 상당히 다른 느낌이지만 유명인과 관련 있고 스토리가 있으며 희소성이 있다는 점에서 세계 경매 시장에서 인기를 끌며 당당히 자리 잡아가고 있다.

그런 의미에서 나이키의 에어 조던Air Jordan 시리즈는 농구의 신이라고 불리는 마이클 조던이 남긴 수많은 전설 같은 이야기와 결부되어 희소가치에 가장 부합하는 스니커즈 시리즈라 할 수 있다. 2020년 5월 17일에는 마이클 조던이 1985년 신었던 농구화 나이키 에어조던1 한 켤레가 56만 달러(약 6억 9천만 원)에 거래가 이루어졌고, 2021년에는 1984년판 나이키 에어쉽이 경매에서 147만 달러(약 18억 3천만 원)에 낙찰되었다. 마이클 조던이 남긴 업적을 생각해보면 아직 경매 시장에 나오지 않은, 이른바 농구 역사의 결정적인 순간에 조던이 신었던 사연 많은 에어 조던 시리즈가 더 높은 가격으로 새로운 주인을 찾아갈 것으로 예상할 수 있다.

에어 조넌 시리즈를 필두로 한정판 스니커즈를 이용한 새로운 재테크 방식이 MZ 세대(1980~2000년생 밀레니얼 세대와 1995~2004년생 Z세대를 아울러 가리킨다)를 중심으로 많은 관심을 받고 있다. 일명 '스니커테크(스니커즈+재테크)'다. 희소성이 있는 중고 또는 신상 스니커즈를 고가에 사서 더 비싼 가격에 되팔아 수익을 남기는 스니커테크는 MZ 세대의 성향과 잘 맞아떨어지면서 시장 규모가 급격하게 커지고 있다.

MZ 세대는 희소가치 있는 제품을 재테크 수단으로 활용하는 데 적극적이다.

기존 세대의 샤테크, 롤테크 같은 명품 한정판에 대한 관심이 MZ 세대에게는 스니커테크로 나타나는 현상으로 볼 수 있다.

스니커테크와 MZ 세대

기성세대의 부동산 불패에 대한 신념처럼 MZ 세대는 한정판 스니커즈의 가격이 무조건 오른다는 신념이 있다. 한정판 스니커즈를 사기 위해 긴 줄을 선 MZ 세대의 모습과 기성세대의 부동산 청약 광풍 장면은 묘하게 오버랩된다. 한정판 스니커즈는 일반 스니커즈보다 몇 배나 비싸지만, MZ 세대에게는 몇 시간 줄을 서 기다려서라도 꼭 사야 하는 매력적인 투자 대상이다.

나이키가 미국 아이스크림 브랜드 벤엔제리스Ben & Jerry's와 함께 출시한 한정판 스니커즈 '나이키 SB × 벤엔제리스 덩크 로우 청키 덩키'는 발매가 12만 9천 원이던 것이 3일 만에 국내 스니커즈 리셀 거래 플랫폼 엑스엑스블루XXBLUE에서 210만 원에 팔렸다. 무려 가격이 1,530퍼센트나 오른 것이다.

나이키가 2019년 11월 지드래곤과 협업해 818켤레(지드래곤의 생일 8월 18일에 착안해 제작한 숫자) 한정판으로 출시한 운동화 에어포스1 파라-노이즈도 정가는 21만 9천 원이었지만, 리셀 시장에서 300~500만 원에 거래되고 지드래곤의 친필 사인이 있는 제품 가격은 1300만 원까지 올랐다.

'21세기 카를 라거펠트'로 불리던 미국의 디제이이자, 건축가, 오프화

이트의 디자이너인 버질 아블로Virgil Abloh가 사망하자 생전에 제작했던 스니커즈의 중고가가 폭등했다. 나이키는 2017년부터 아블로와 손잡고 여러 종의 한정판 운동화를 출시했다. 아블로가 디자인한 운동화 가격은 30~40만 원대로 기존의 나이키 운동화보다 두세 배 비쌌지만 늘 쉽게 매진을 달성하고는 했다. 웃돈을 더 주고서라도 사고 싶어 하는 젊은 층의 수요가 많아 아블로가 만든 운동화는 리셀 시장에서 높은 가격에 팔렸다. 그런데 아블로의 사망으로 후속 제품 출시 가능성이 없어지면서 희소가치가 더욱 높아진 그의 제품들은 말 그대로 가격이 수직 상승했다. 아블로가 만든 루이비통과 에어포스1 200켤레가 소더비 경매에서 2500만 달러(약 299억 원)에 낙찰되었다.

스니커테크가 가능한 이유는 기성세대와는 차별화되는 MZ 세대의 특징에 기인한다. 어릴 때부터 풍요로움을 경험하고 자란 밀레니얼 세대는 비싸더라도 돈만 있다면 누구나 살 수 있는 제품을 선호하지 않는다. 오히려 발매가보다 돈을 더 지불하더라도 희소가치가 있는 한정판을 소비하며 자신의 가치와 정체성을 찾으려 하는 경향이 있다. 단지 비싸고 좋은 제품보다 돈이 있어도 못 사는 아이템에 매력을 느끼고 지갑을 여는 것이다.

스니커테크 시장의 급성장은 리스크를 기꺼이 감수하려는 MZ 세대의 투자 성향과 관련 있다. 주식은 하루에 가격 상승 제한폭이 있지만 스니커테크는 가격 상한선이 없어 하룻밤 새 가격이 몇 배로 치솟기도 한다. 그 때문에 공격적인 MZ 세대의 취향에 잘 맞는다. 그리고 20만 원대에 스니커즈를 구매해 100만 원대로 되팔아 다섯 배 이상 차익을 낼 수 있다는 점도 MZ 세대가 스니커테크에 열광하는 이유다. 부동산, 주식과 달리 큰 시드머니 없이 소액으로 고수익을 낼 수 있는 새로운 투자법인 셈이다. 투자 후 가격이 떨어져도 버티다 보면 다시 오르는 경우가 많고 설사 투자에 실패하더라도 MZ 세대는 '그 정도는 없어도 그만, 잘되면 대박'이라 생각한다. 즉 하이 리턴, 로우 리스크 투자로 충분히 배팅해볼 수 있다고 여긴다.

국내외 거래 플랫폼의 활성화

스니커테크 리셀 시장이 주목받으면서 많은 기업이 스니커즈 거래 플랫폼에 뛰어들고 있다. 전문가들은 전 세계 스니커즈 리셀 시장이 2030년이면 약 35조 원의 규모에 이를 것으로 예상한다.

세계 1위 리셀 플랫폼인 미국의 스톡엑스StockX는 창업한 지 3년 만에 기업 가치가 1조 원을 넘어섰고, 중국 내 스니커즈 거래 플랫폼 1위 두Dowu는 2019년 상반기에 거래액 3400억 원을 기록했다.

우리나라에서는 미술품 경매 회사 서울옥션블루가 2019년 9월 스니커즈 경매 온라인 사이트 엑스엑스블루XXBLUE를 열었고 오프라인 매장으로도 발을 넓혀 2020년 4월 서울옥션 강남센터에 드롭존DROP ZONE을 만들었다.

네이버도 자회사 스노우를 통해 한정판 스니커즈 리셀 플랫폼인 크림Kream을 출시했으며 국내 최대의 스니커즈 커뮤니티인 나이키매니아를

80억 원에 인수했다. 국내 최대 패션 플랫폼 무신사 또한 솔드아웃Soldout 앱을 공개했고, KT의 자회사 KT엠하우스 역시 리플REPLE로 스니커즈 리셀 시장에 뛰어들었다. 기존 유통업 대기업들도 리셀 시장에 참전하는 가운데 스니커테크 시장은 한동안 양적·질적 성장을 이어갈 것으로 보인다.

역사상 최고의 부자, 만사 무사 이야기

'세계 최고의 부자는 누구인가?' 하는 질문은 언제나 사람들의 호기심을 끈다. 빌 게이츠, 워런 버핏에서 제프 베조스, 일론 머스크까지 매년 『포브스』가 발표하는 세계 최고 부자 순위와 그들의 어마어마한 자산 규모 역시 큰 관심거리다. 그런데 시간을 오랜 과거까지 되돌려보면 오늘날에는 상상조차 못 할 부자들이 있었다. 심지어 세계 GDP의 절반을 개인 자산으로 보유하던 부자도 있었다고 전해진다.

말리 제국을 서아프리카의 맹주로 만든 왕

앞서 예를 든 오늘날의 부자들조차 만사 무사Mansa Moussa(1280~1337) 앞에서는 꼬리를 내려야 한다. 서아프리카 말리 제국을 통치한 만사 무사는 역사상 가장 부유한 사람이었다. 대영박물관 자료에 따르면 그는 당시 전 세계 금의 거의 절반을 소유했으며 그 시대의 또 다른 매우 귀중한 자원인 소금을 엄청나게 소유했다. 무역에 부과해 벌어들인 관세 역시 마르지 않는 부의 원천이었다. 무사의 재산을 '셀 수 없이 많음'으로 보는 것이 일반적인데 심지어 일부 역사가들은 그의 재산이 오늘날 가치로 약 4천억 달러에 이른다고 본다.

말리 제국은 13세기부터 17세기까지 서아프리카의 맹주였다. 서아프리카에서 가장 큰 제국 중 하나였을 뿐 아니라 인구도 2천만 명이 넘었다. 말리 제국의 언어, 법률, 관습은 서아프리카의 문화에 큰 영향을 미쳤다.

말리 제국은 순디아타 케이타Sundiata Keita에 의해 건국되었다. 순디아타는 1235년에 소쏘 제국를 멸망시키고 스스로를 '황제'를 의미하는 '만사Mansa'라고 선언했다. 매우 유능한 전사이자 지도자였던 순디아타의 치하에서 말리 제국의 경계는 대서양 연안에서 오늘날에는 니제르가 있는 아프리카 서부 지역까지 뻗어 나갔다. 말리 제국은 금과 구리 채굴과 무역을 기반으로 크게 번성했다.

순디아타의 이야기는 디즈니 애니메이션 「라이언 킹」의 모티브가 되었다. 1255년 순디아타의 사망 이후 말리 제국은 몇 명의 만사를 거쳐 순디아타의 손자(일부 기록에서는 증손자라고도 한다)인 무사에게 이어졌고 이때 말리 제국은 최고의 황금시대를 맞이한다.

무사는 '역사상 최고의 부자', 그리고 '왕의 왕'으로 불렸다. 그에 대한 이런 묘사는 특히 유럽인에게 환상을 불러일으켰다. 당시 많은 유럽 국가가 전염병과 내전, 경기 침체로 어려움을 겪고 있었기 때문이다.

무사는 1280년에 태어나 1312년에 왕위에 올랐다. 순디아타가 닦은 기틀 위에서 지속적으로 번영한 말리 제국은 무사의 통치 아래 더욱 강성해졌다. 특히 서아프리카 중심지였던 팀북투를 정복하며 사하라 횡단 무역로의 가장 중요한 요충지를 차지했다. 세계 금 공급량의 50퍼센트 이상을 차지하던 밤북 금광, 소금과 같은 천연자원과 강력한 군사력을 기반으로 무사가 25년간 통치하는 동안 말리 왕국의 영토는 현재의 세네갈에서

만사 무사는 인류 역사상 가장 부유한 왕으로 알려져 있다.

모리타니, 말리, 브루키나파소, 니제르, 기니, 코트디부아르까지 확장되었다.

무사는 독실한 이슬람 신자였으며 종교와 교육에 큰 관심을 보였다. 무사는 왕국 전역에 여러 대학과 도서관을 세우고 장학금을 지급했다. 팀북투에 설립한 산코레대학은 지금도 여전히 운영되고 있다. 또한 무사는 사람들에게 이슬람교를 적극적으로 권장하고 많은 사원을 지었으나, 종교를 강요하지는 않았다.

종교와 교육에 대한 그의 투자는 이슬람 학자, 시인, 장인을 말리 제국으로 끌어들였고 팀북투는 이슬람 세계에서 가장 유명한 도시 중 하나가 되었다. 이때부터 팀북투가 '황금의 도시'라는 이야기가 전 세계로 퍼지면서 19세기까지 모험가와 탐험가들이 모여들었다.

매주 모스크를 건설한
초호화 메카 순례

무사의 이야기 중에 가장 유명한 것은 메카 순례 일화다. 순례를 위한 엄청난 호송대와 순례길에 보여준 무사의 관대함에 얽힌 이야기는 그의 사후에도 오랫동안 전해졌다.

메카 순례는 '이슬람의 다섯 기둥Five Pillars of Islam' 중 하나로 일생에 한 번은 해야 할 모든 이슬람교도의 의무다. 독실한 이슬람 신자였던 무사는 1324년 메카로 순례를 떠나는 하지Haji를 시작했는데 그의 순례길은 말 그대로 금으로 메카로 가는 길을 도배했으며 심지어 지도까지 바꾸었다고 해도 과언이 아니었다.

말리에서 메카로 가는 길은 사하라 사막, 나일강, 시나이 사막, 그리고 홍해의 황량한 동해안을 건너는 약 4,500킬로미터의 험난한 여정이었다. 만사 무사의 무리에는 8천 명의 신하, 아내 800명, 11톤의 황금을 나르는 1만 2천 명의 하인, 연예인과 군인뿐만 아니라 낙타 600마리, 일행을 먹일 양과 염소까지 어마어마한 규모였다.

무사는 메카로 가는 길에서 마주치는 가난한 사람들에게 금을 나누어 주었다. 이런 선행은 부작용을 가져오기도 했는데 이집트 카이로를 지날 때는 너무 많은 금을 나누어주는 바람에 이집트 지역의 금의 가치를 떨어뜨려 경제 불안정을 가져왔다. 그로 인해 이집트 경제는 10년 넘도록 어려움을 겪었다.

무사는 하지 순례길에 일행이 예배에 참석할 수 있도록 매주 금요일마

수 세기 전의 영광을 뒤로하고 현재의 말리는 부패, 반군, 쿠데타 등의 문제로 정치적·경제적 어려움을 겪고 있다.

다 이동을 멈추고 모스크를 건설했다. 그러다 보니 무사가 메카에 도착하여 순례를 마치고 말리로 돌아가는 데까지 2년이 걸렸다.

무사는 1337년 57세의 나이로 세상을 떠났고 제국의 통치는 아들 만사 마간 1세Maghan I에게 넘어갔다. 이후 왕위 계승 규칙이 불분명했던 탓에 무사의 형제와 삼촌이 왕위를 차지하기 위해 서로 싸우면서 내부 분쟁으로 이어졌고 말리 제국은 몰락의 길을 걷기 시작했다.

오늘날 말리는 부패, 지하디스트 반군, 쿠데타, 시위 등으로 북부와 동부 대부분을 통제할 수 없을 정도로 혼란스럽다. 유엔 개발 보고서는 말리의 삶의 질을 189개국 중 184위로 평가했다.

찬란했던 말리 제국의 과거의 영광과 현재의 말리의 모습을 보며 어딘지 모르게 마블 영화 「블랙 팬서」 속 가상의 아프리카 국가 와칸다가 떠오르는 건 왜일까.

경제 공부를 시작한다면
국내총생산부터

○ ○

자유 시장 경제 체제에서 경제 성장은 매우 중요한 요소다. 경제 성장의 결과에 따라 정부의 지지율이나 선거 결과가 달라지기도 하고, 경제 수치가 발표될 때마다 주식 시장 등 자본 시장이 출렁이기도 한다.

우리나라가 세계에서 얼마나 잘사는 나라인지, 5년 전보다 얼마나 더 잘살게 되었는지 등을 알아보려면 경제 활동 지표를 살펴보면 된다. 경제 활동 지표로는 국내총생산, 국민총생산, 국제 수지, 경제 성장률, 실업률 등이 있으며, 이는 정부가 경제 정책을 수립하거나 기업이 투자 계획을 세울 때 중요한 자료로 활용된다.

국내총생산이란?

가장 대표적인 경제 활동 지표인 국내총생산(이하 'GDP')은 간단히 말하면 한 국가의 경제 생산량을 보여주는 측정치다. GDP가 큰 국가는 더 많은 양의 재화와 서비스를 생산하며 일반적으로 생활 수준이 더 높을 것으로 간주된다. 따라서 GDP 성장은 국가 성공의 중요한 척도로 여겨져서 'GDP 성장'과 '경제 성장'이 같은 의미로 사용되기도 한다.

GDP의 개념은 1937년 전미경제연구소National Bureau of Economic Research의 러시아계 미국 경제학자 사이먼 쿠즈네츠Simon Kuznets가 대공황 대응에 관해 미국 의회에 제출한 보고서에서 처음 소개되었다. GDP는 국가의 경제 규모와 성장률을 추정하는 스냅숏을 제공한다.

GDP는 특정 기간 동안 한 나라 안에서 생산된 모든 재화와 서비스의 시장 가치를 화폐 단위로 환산하여 더한 값이다. 일반적으로 분기와 연간 기준으로 계산한다. 그러므로 지난 기간에 만들어진 생산물은 올해 GDP 계산에서 제외된다. 만약 5년 전에 지어진 아파트를 올해 구매했다면 아파트의 생산 가치는 이미 5년 전 GDP에 계산되었기 때문에 다시 계산하지 않는다. 그러나 아파트 거래가 공인중개사를 통해 이루어졌다면 새로 창출된 중개 서비스의 중개 수수료가 올해 GDP에 계산된다.

GDP의 개념은 생산 활동에 참여한 사람의 국적에 관계없이 그 나라 안에서 만들어낸 모든 것을 계산한다. 국내에 진출한 다국적 기업의 생산 활동은 우리나라의 GDP에 포함된다. 반면 삼성이 베트남 공장에서 생산한 것은 우리나라의 GDP에 계산되지 않고 베트남의 GDP에 계산된다. 외국 모델이 국내에서 활동하는 경우에는 우리나라의 GDP에 계산되지만, 축구 선수 손흥민의 EPL 활동은 영국의 GDP에 계산된다. 이처럼 GDP는 국적이 아니라 영토가 기준이다.

한편 국민총생산(이하 'GNP')은 '어느 나라에서 생산했느냐에 관계없이' 한 나라 국민이 국내외에서 생산한 모든 재화와 서비스의 시장 가치를 합산한 것이다. 국제 교류가 그리 활발하지 않았던 과거에는 GNP와 GDP 간의 차이가 크지 않았다. 그러나 세계 경제의 국제화로 자본과 노동의 국가 간 이동이 활발해지면서 GNP보다는 GDP가 그 나라의 경기와 고용 사정을 더 잘 반영하고 있다.

한편 GDP는 새롭게 생산된 것을 대상으로 계산하기 때문에 생산 활동이 아닌 단순한 '소득의 이전income transfer'은 이때 포함되지 않는다. 따라서 정부가 세금을 거두거나 거둔 세금을 다시 돌려주는 행위는 생산된 자원의 소유권 이동에 해당되어 GDP를 계산할 때 포함되지 않는다. 코로나 지원금, 부모가 자녀에게 주는 용돈, 설날 세뱃돈 등도 소득의 이전에 해당한다.

그리고 GDP는 시장을 통하지 않고 거래되는 재화나 서비스를 포함하지 않는다. 지하 경제나 자원봉사, 주부의 가사 노동처럼 시장에서 평가되지 않는 활동은 GDP 계산에서 제외한다. 페이스북, 위키피디아, 구글과 같은 회사에서 무료로 제공하는 서비스 가치 역시 포함되지 않는다. 그러나 예외적으로 농부가 생산한 농산물을 스스로 소비하는 경우, 자신이 소유한 집에 사는 경우, 기계류 생산 업체가 자신이 생산한 기계류를 이용하는 경우는 시장에서 거래되지 않아도 GDP 계산에 포함한다.

GDP는 유익한 경제 활동과 해로운 경제 활동을 구분하지 못하는 한계가 있다. 세계식량계획WFP, World Food Programme에 따르면 북한 어린이의 3분의 1이 만성적인 영양실조에 시달리고 있다. 이렇게 북한 당국이 어린이를 지원하는 대신 핵무기와 로켓을 만드는 데 쓰는 막대한 비용은 북한의 GDP 증가에 포함된다. 또 만약 어느 나라의 기업들이 생산 활동을 활발히 한 대가로 환경이 심각하게 오염되고 근로자들은 여가 시간을 제대로 갖지 못하고 일만 하게 되었다면 그 나라의 GDP는 크게 늘어나겠지만 삶의 수준은 오히려 나빠지게 된다.

명목 GDP vs 실질 GDP

GDP는 물가 상승분의 고려 여부에 따라 '명목 GDP'와 '실질 GDP'로 나뉜다. 즉 당해 연도와 기준 연도 중 어느 해의 시장 가격을 이용하여 생산액을 평가하느냐의 차이다.

명목 GDP는 경상 가격 GDP라고도 하며 그해의 생산물에 당해 연도의 시장 가격을 곱해 계산한다. 이 경우 당해 연도에 물가가 상승하면 명목 GDP가 상승하고, 반대로 물가가 하락하면 명목 GDP가 하락한다. 즉 명목 GDP만 보면 실제 생산의 증가로 GDP가 증가한 것인지 물가가 상승했기 때문인지 구분하기 어렵다는 한계가 있다.

반면 실질 GDP는 생산량에 과거 기준으로 정한 연도의 가격을 곱해서 계산한다. 즉 기준으로 잡은 연도의 물가로 고정함으로써 물가 상승에 따른 가격 변동 효과는 제거되고 생산량 변동만을 반영하게 된다. 실제로 실질 GDP를 계산할 때는 현재 연도와 기준 연도의 가격 차이인 GDP 가격 디플레이터를 사용하여 계산한다. 예를 들어 기준 연도 이후 가격이 5퍼센트 상승하면 디플레이터는 1.05가 된다. 명목 GDP를 이 디플레이터로 나누어 실질 GDP를 산출한다.

$$\text{GDP 디플레이터} = \frac{\text{명목 GDP}}{\text{실질 GDP}} \times 100$$

일반적으로 명목 GDP는 같은 연도의 여러 분기별 생산량을 비교할 때 사용되고 실질 GDP는 2년 이상의 GDP를 비교할 때 사용된다. 그리고 국민 경제의 전체적인 규모를 파악하거나 구조 변동을 분석하는 데는 명목 GDP가, 경제 성장이나 경기 변동과 같은 국민 경제의 실질적 생산 활동을 파악하는 데는 실질 GDP가 적합하다.

1인당 GDP

GDP는 한 국가의 전체 경제 규모를 나타낼 뿐 그 국민의 생활 수준에 대한 정보를 제공한다고 볼 수 없다. 인구 규모와 나라별 생활비가 일정하지 않아서다. 이런 이유로 GDP는 목적에 맞는 경제 상황을 분석하고 비

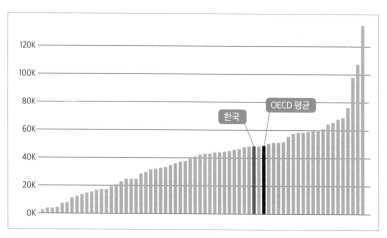

2021년 대한민국의 1인당 GDP는 OECD의 평균 수준이다.

교하기 위해 다양하게 조정해서 사용한다.

1인당 GDP는 국가 GDP를 인구수로 나누어 계산한다. 1인당 국민 소득은 국제 비교를 위하여 시장 환율로 환산하여 미 달러화로 표시한다. 1인당 GDP는 GDP보다 한 나라 국민의 평균적인 생활 수준을 파악하는 데 더 적합하다. 중국은 아일랜드보다 인구가 약 300배 많다. 그래서 GDP는 훨씬 크지만 1인당 GDP는 아일랜드가 훨씬 높다. 1인당 GDP가 높은 나라를 살펴보면 룩셈부르크, 아일랜드, 싱가포르, 스위스 같은 이른바 잘사는 곳의 이름을 쉽게 찾아볼 수 있다.

구매력 평가 PPP

1인당 GDP가 GNP보다는 국민의 삶의 질을 더 잘 반영하기는 하지만 여전히 부족한 점이 있다. 중국의 1인당 GDP가 1만 달러고 아일랜드의 1인당 GDP가 8만 달러라고 가정할 때, 이 수치가 평균적으로 아일랜드인이 중국인보다 여덟 배 더 잘산다는 것을 의미하지는 않는다. 1인당 GDP는 각 나라의 환율이나 물가 등을 설명하지 못하기 때문이다.

구매력 평가PPP를 위해 조정된 1인당 실질 GDP는 각국의 통화 단위로 산출된 GDP를 단순히 달러로 환산해 비교하지 않고 각국의 물가 수준을 함께 반영한다. 각국에서 생산되는 상품과 서비스의 양, 물가 수준까지 감안함으로써 소득을 단순히 달러로 표시한 GDP와 달리 실질 소득과 생활 수준을 짚어볼 수 있다. 만약 아일랜드 근로자 1인이 연간 10만 달러를 벌고 중국인 1인이 연간 5만 달러를 번다면 명목상 아일랜드인의 소득이 더 높다. 하지만 만약 의식주를 포함한 아일랜드의 물가가 중국보다 세 배 더 비싸다면 실질 소득은 중국 근로자가 더 높다.

GDP의 여러 대안 지표

우리는 경제 성장을 끊임없이 추구해나가지만 그렇다고 해서 경제 성장이 삶의 질을 향상시킨다는 보장은 없다. 장기적으로는 지구의 지속 가능성에 막대한 피해를 입힐 수 있는 활동임에도 단기적으로는 GDP에 경

국민총행복지수는 1972년 부탄 왕이 "국민총행복지수가 국내총생산보다 더 중요하다"고 한 말에서 비롯되었다.

제를 부양하는 긍정적으로 평가되는 활동 역시 많다. 물론 경제 성장은 중요하지만 그것이 전부는 아니다. 경제 정책의 목표가 지속 가능한 집단적 웰빙이어야 한다. 『뉴욕타임스』에 따르면 이론적으로 한 국가는 세계 최고 GDP와 세계 최고 빈곤율을 동시에 가질 수 있다.

이런 이유로 국가의 자연적·사회적·인적·인공적 자본의 진정한 복지 상태에 대한 총체적인 수치를 표현하기 위한 노력이 이어졌다. 그 결과로 참진보지수Genuine Progress Indicator, 행복지수Happy Planet Index, 복지GDP Index of Sustainable Economic Welfare, 국민총행복지수Gross National Happiness와 같은 다양한 대안 지표가 만들어졌지만 이들 중 어느 것도 아직 GDP를 넘어서는 영향력을 갖지 못했다.

주식 투자자라면
버핏처럼 사업 보고서를 읽자

주식 투자를 하는 사람들에게 '오마하의 현인'으로 불리는 워런 버핏Warren Buffett은 세계적으로 가장 존경받는 투자자 중 한 명이다. 버핏의 시장 전망이나 투자에 대한 소식은 늘 뉴스 경제 코너에서 중요하게 다루어지고, 버핏이 대표로 있는 투자사 버크셔해서웨이Berkshire Hathaway가 매년 봄마다 개최하는 주주 총회는 그의 혜안을 배우려는 2만여 명의 주주들로 붐빈다. 투자자에게는 버핏이 어떤 종목에 투자했는지도 중요하지만, 그가 현재 경제와 시장 상황을 어떻게 보고 있으며 그래서 왜 그 기업에 투자했는지를 이해하는 것은 더욱 중요하다.

사업 보고서란 무엇인가?

오랜 세월 동안 안정적이며 성공적인 주식 투자를 해온 버핏의 투자 아이디어와 성찰은 어디서 나오는 것일까? 이런 질문에 대해 버핏은 "사업 보고서를 읽는 것이 주요 일과 중 하나며 나는 그것을 바탕으로 투자할 기업을 고른다"고 밝혔다. 이처럼 버핏은 중·장기적인 관점에서 기업의 사업 보고서를 읽고 해당 기업의 사업 내용과 현황에 대해 충분히 이해한 뒤 미래 성장 전략을 지속적으로 관찰해 충분히 신뢰할 수 있을 때 투자를 시작한다.

금융감독원 전자 공시 시스템.

출처: dart.fss.or.kr

어떤 기업의 주식에 투자하는 것은 그 기업의 미래 가치에 투자하는 것이다. 자신의 소중한 자산을 일면식도 없는 타인이 운영하는 기업에 맡기는 셈이다. 그런 만큼 투자하려는 기업이 어떤 기업인지를 잘 알아야 한다. 어떤 사업을 영위하는 기업인지, 성장하고 있는 기업인지 쇠퇴하고 있는 기업인지, 경쟁사는 어디며 어느 정도 수익성이 있는 기업인지, 회사 경영진은 어떤 사람들인지 등등 말이다.

회사에 관한 이 모든 궁금증을 일목요연하게 정리해서 알려주는 것이 바로 사업 보고서다. 심지어 해당 기업이 그 내용에 중대한 오류나 거짓이 없음을 공인 회계사를 통해 확인과 검증까지 받아 금융감독원에 제출한 것이기에 가장 신뢰할 수 있는 공인된 기업 보고서라고 할 수 있다.

사업 보고서의 핵심 포인트

사업 보고서는 흔히 다트DART, Data Analysis Retrieval and Transfer System라고 하는 금융감독원 전자 공시 시스템을 이용하면 누구나 무료로 읽어볼 수 있다. 사업 보고서에서 알아낼 수 있는 정보들은 다음과 같다.

사업 보고서에서 확인할 수 있는 항목

1. 회사의 개요

2. 회사의 연혁

3. 자본금 변동 사항

4. 주식의 총수, 의결권 현황 및 배당에 관한 사항

5. 사업의 내용

6. 재무에 관한 사항(재무제표 및 주석 등)

7. 이사의 경영 진단 및 분석 의견

8. 감사인의 감사 의견

9. 이사회 등 회사의 기관에 관한 사항

10. 주주에 관한 사항

11. 임원 및 직원 등에 관한 사항

12. 이해 관계자와의 거래 내용

글로벌 투자 시대를 맞이하여 외국 주식에 직접 투자하는 경우가 늘고 있다. 해외 주식에 투자할 때도 각 나라에서 제공하는 전자 공시 시스템을 적극적으로 활용할 필요가 있다.

최근에는 전통적인 재무 현황에 대한 정보뿐만 아니라 탄소 배출에 대한 정보, ESG 채권 발행 및 사용 실적 등과 같이 회사의 미래 경영 상황에 영향을 줄 수 있는 새로운 정보들이 사업 보고서에 추가되고 있다.

사업 보고서에 포함된 내용은 모두 투자 판단을 뒷받침할 정보로서 가치가 있는 것들이므로, 처음 사업 보고서를 읽은 사람이라면 우선 '회사의 개요'와 '사업의 내용' 부분부터 뉴스 경제면을 접하듯 읽어나가면 좋다. 회사가 영위하는 산업의 전반적인 성장성과 업황, 경쟁 강도뿐만 아니라 회사의 주력 제품, 사업부별 매출 구성 내역, 주요 원자재 추이 등을 확인할 수 있다.

'재무에 관한 사항'은 사업 보고서에서 전통적으로 가장 많은 주목을 받는 매출액, 영업 이익 등의 재무 관련 정보를 제공한다. 어려운 회계 용어로 가득한 재무제표가 눈에 잘 들어오지 않는다면 '재무제표 주석'을 읽어보는 것을 권한다. 주석에는 정형화된 재무제표에 미처 기재되지 못한 중요 정보들이 자세히 상술되어 있다.

배당주 투자자라면 '배당에 관한 사항'도 눈여겨봐야 할 항목이다.

'이사의 경영 진단 및 분석 의견'을 읽으면 회사 경영진으로부터 회사의 재무 정보를 포함한 경영 현황에 대해 자세한 보고를 받은 기분이 들 것이다. 특히 삼성전자와 SK하이닉스처럼 같은 업종에 속하는 경쟁사들의 사업 보고서를 비교하면 각 회사 경영진이 사업의 현재 상황 판단과 미래를 바라보는 시각차를 분석할 수 있다.

같은 회사의 여러 회계 연도의 사업 보고서를 읽어보면 그 회사가 성

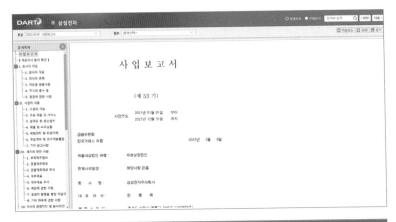

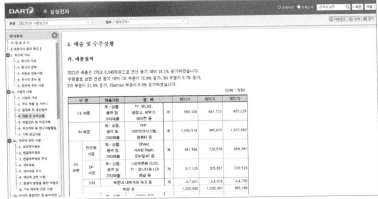

삼성전자 사업 보고서.

장해온 역사를 알 수 있다. 어떤 사업으로 시작해서 회사를 성장시켰고 그동안 진행했던 신규 사업과 사업 철수의 과정, 회사의 손익에 가장 큰 영향을 끼치는 요인은 무엇이었으며 그 결과는 어떻게 반영되었는지 등등 말이다. 사업 보고서는 이런 과거 정보를 바탕으로 여러 요인에 따른 회사의 미래 수익성을 예상하게 해준다.

처음부터 두꺼운 사업 보고서 전체를 다 읽으려 할 필요는 없다. 쉽게 이해 읽히고 이해할 수 있는 부분부터 차근차근 읽어나가다 보면 어느덧 투자 습관의 측면에서 버핏을 닮아가는 자신의 모습을 발견할 수 있을 것이다.

미국 주식
사업 보고서 보는 법

미국의 상장된 기업들 중에는 우리에게도 익숙한 이름들이 많다. 구글, 메타, 애플, 아마존에서 테슬라까지 높은 성장성과 시장 지배력을 가진 이들 기업의 제품을 사용할 뿐 아니라 이들 주식에 직접 투자하는 사람들도 늘었다.

미국 주식에 투자하는 경우 미국 기업들의 사업 보고서는 미국증권거래위원회에서 확인할 수 있다.

미국 기업의 사업 보고서 찾기

미국증권거래위원회 사이트에서 투자사 버크셔해서웨이의 사업 보고서를 확인해보자. 'Company Name' 검색란에 'Berkshire Hathaway'라고 입력하고 'Search'를 누른다. 그러면 버크셔해서웨이의 자료가 검색되는데 여기서 0001067983 'BERKSHIRE HATHAWAY INC'를 확인해보겠다. 이때 CIK 숫자를 클릭하면 된다.

검색 결과 다양한 공시 자료를 확인할 수 있는데, '10-K'는 연간 보고서, '10-Q'는 분기 보고서, '8-K'는 특정 사건에 대한 공시, '11-K'는 주식 매매나 직원 퇴직 연금 관련 공시다. 예를 들어 연도별 사업 보고서를

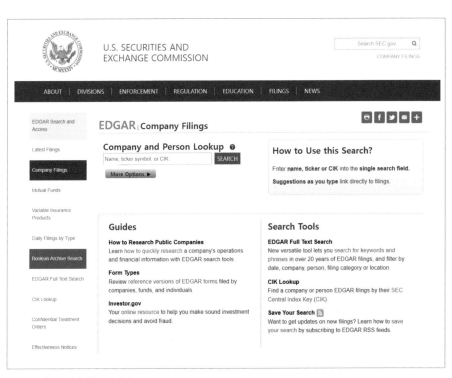

미국증권거래위원회 사이트.

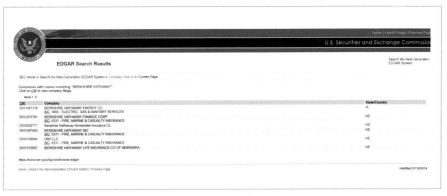

버크셔해서웨이 관련 사업 보고서.

출처: sec.gov/edgar/searchedgar/companysearch.html

확인하고 싶다면 'Filing Type'란에 10-K를 입력하면 된다.

'Format' 항목의 'Documents'를 클릭해보자. 사업 보고서의 목차를 확인할 수 있다. 'Seq1' 항목의 도큐먼트 빨강색 글씨를 클릭하면 보고서를 만나볼 수 있다. 그중 Item1의 사업 개요를 클릭하면 버크셔해서웨이가 어떤 사업을 하는 기업인지 자세한 설명이 나온다.

재무 정보에 관한 정보들도 꼼꼼하게 살펴보아야 한다. 마지막 페이지에서 보고서 작성자들의 서명을 볼 수 있는데 버핏의 이름도 확인 가능하다. 같은 방법으로 다른 미국 기업의 사업 보고서도 찾아볼 수 있다.

영어로 된 사업 보고서 술술 읽기

전자 공시 시스템에만 접속하면 세계 각국 여러 기업의 사업 보고서도 참고할 수 있다. 대표적인 전자 공시 시스템 사이트를 안내한 오른쪽 표를 참고하자.

그런데 기업의 사업 보고서를 공부하고 싶은데 영어만 보면 머리 아픈가? 그렇다면 걱정할 필요가 없다. 구글 크롬 브라우저의 경우 영문에 마우스포인터를 가져가 오른쪽 클릭을 하면 '한국어로 번역' 기능을 활용할 수 있다. 물론 자동번역 수준이 완벽하지는 않지만, 주요 내용을 파악하는 데 큰 무리는 없을 만큼 꽤 유용하다. 다른 브라우저들도 유사한 기능을 제공하니 본인에게 가장 익숙한 브라우저를 활용하자. 이렇게 영어까지 잘 대비했다면 이제는 미국 주식 공부가 두렵지 않을 것이다.

| 세계 각국의 전자 공시 시스템 |

나라	대표 기업	전자 공시 시스템 사이트
홍콩	샤오미(1810), 텐센트(0700) 알리바바그룹홀딩스(9988)	https://www.hkexnews.hk/
중국	중국공상은행(601398), 귀주모태주(600519) 페트로차이나(601857)	http://www.cninfo.com.cn/new/index
일본	토요타자동차(7203), 닌텐도(7974) 소프트뱅크그룹(9984)	https://disclosure.edinet-fsa.go.jp/
독일	SAPSE(716460), BMW(519000), 메르세데스벤츠(710000)	https://www.bundesanzeiger.de/

세계 경제를 뒤흔든 블랙 스완

블랙 스완Black Swan은 '검은 백조'라는 의미로, 극단적으로 예외적이어서 발생 가능성이 낮지만 일단 발생하면 엄청난 충격과 파급 효과를 가져오는 사건을 가리킨다. 월스트리트의 투자가 나심 니콜라스 탈레브Nassim Nicholas Taleb가 저서 『블랙 스완The Black Swan』을 통해 서브프라임 모기지 사태를 예측하면서 이 용어가 널리 쓰이게 되었다. 1697년 네덜란드 탐험가 빌럼 드 플라밍Willem de Vlamingh이 오스트레일리아 서부에서 우연히 흑고니를 발견한 데서 착안해 용어의 명칭이 만들어졌다. 탈레브는 블랙 스완 사건의 특징으로 '무엇을 모르고 있는지조차 모르는 상태', '극단적으로 큰 충격', '예측 불가능성'을 들었다.

이제부터 전 세계 금융 시장을 패닉으로 몰아넣었던 대표적인 블랙 스완 사건들을 살펴보자.

석유 파동

1차 석유 파동은 정치적인 이유로 산유국들이 석유를 무기화하여 세계 경제에 충격을 준 사건이다. 1973년 10월 이스라엘과 아랍 국가 간의 4차 중동 전쟁이 일어났고 아랍의 석유수출국기구OPEC 회원국이 이스라엘을 지지하는 국가를 제재하기 위해 원유의 공시 가격을 배럴당

블랙 스완, 즉 흑고니는 1697년 오스트레일리아에서 처음으로 발견되었다.

5,119달러에서 11,651달러로 인상하고 원유 공급을 줄이기로 했다. 이 조치는 물가 상승과 경제 성장의 둔화를 가져왔고 그 영향으로 전 세계의 주가가 폭락했다.

검은 월요일

1987년 10월 19일 뉴욕의 증권 시장이 단 하루 만에 22.5퍼센트(508포인트)가 폭락했다. 검은 월요일Black Monday이었다. 세계 대공황의 시작을 알린 1929년 10월 24일의 검은 목요일을 넘어서는 폭락이었다. 이날 폭락의 여파는 이튿날 홍콩, 도쿄, 런던 등 전 세계 증권 시장의 연쇄 폭락을 가져왔다. 당시 폭락에 대한 미국 정부의 조사에서는 재정 적자 등의 복합

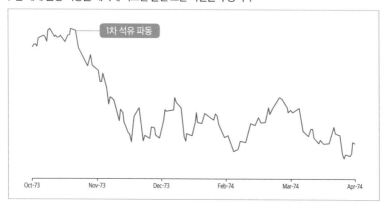

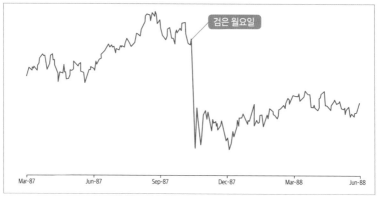

적인 이유로 대량의 프로그램 매도가 원인으로 추측되었을 뿐 명확한 이
유를 찾지 못했다.

장만옥, 여명 주연의 영화 「첨밀밀」에는 홍콩으로 이주한 젊은 중국인
여주인공이 열심히 일해 모은 돈을 주식에 투자했다가 3만 홍콩달러가 주
가 폭락으로 한순간 89홍콩달러가 되는 장면이 등장한다. 1987년의 검은
월요일이 바로 영화의 배경이었다.

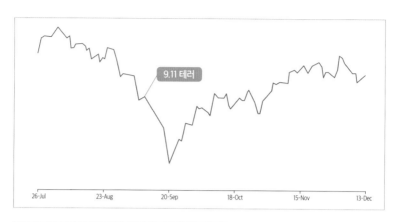

9.11 테러

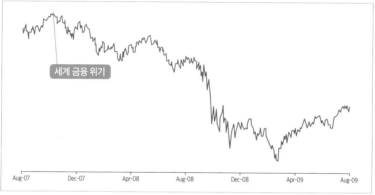

세계 금융 위기

9.11 테러

2001년 9월 11일 약 3천 명 이상의 인명 피해와 최소 300억 달러의 피해를 입혔던 9.11 테러는 미국의 국경선 폐쇄, 국제 여객선 운항 중지, 미국 내 소비의 급격 감소, 소비자 신뢰 지수의 급락, 신규 투자 감소, 주가 하락 등의 직간접적인 영향을 불러일으켜 2001년도 미국 경제를 불황으로 몰아넣었다. 이때 미국 GDP는 1.4퍼센트 마이너스 성장을 기록했다. 또한 9.11 테러 이후 강화된 보안 검색으로 인해 운송 시간과 비용이 증가하여 제반 거래 비용의 상승을 초래했다.

세계 금융 위기(서브프라임 모기지)

2000년대 초 닷컴 버블, 9.11 테러 등으로 경제 상황이 악화되자 미국 정부는 경기 부양을 위해 초저금리 정책을 펼쳤다. 낮은 대출 이자율은 시중의 통화량 증가를 가져왔고 그 결과 부동산 가격이 지속적으로 상승했다. 신용도가 낮은 사람에게 돈을 빌려주어도 부동산 가격 상승으로 대출 상환에 문제없을 거란 판단에 은행은 대출의 문턱을 대폭 낮추었다. 이에 저소득층은 주택 담보 대출인 서브프라임 모기지론을 융자받아 집을 구매했고 이는 부동산 버블을 더욱 가속화시켰다.

2004년 달러화의 가치 하락을 막고 물가를 안정시키기 위해 미국 정부는 금리를 올리기 시작했다. 그러자 대출 이자에 부담을 느낀 사람들의 매도 물량이 쏟아졌다. 이렇게 버블 붕괴와 함께 부동산 가격이 폭락하기에 이르렀다.

부동산 가격 폭락으로 그동안 빚으로 부동산을 구매한 사람들이 대출금을 갚지 못하자, 이들에게 돈을 빌려주었던 모기지 기업들이 연쇄적으로 도산하는 일이 발생했다. 베어스턴스The Bear Stearns Companies, 메릴린치 Merrill Lynch 등이 매각된 데 이어 당시 세계 4대 투자사였던 리먼브라더스

Lehman Brothers Holdings마저 파산하면서 전 세계 금융 시장에 큰 충격을 주었다.

이처럼 블랙 스완 사건들은 금융 시장에 엄청난 충격을 주었고 사람들을 공포로 몰아넣었다. 그러나 역사적으로 이런 사태들은 단기적으로는 큰 위기였지만 장기적으로는 엄청난 기회였다. 시장이 가장 두려워하는 것은 악재보다 불확실성과 변동성이다. 또한 변동성은 투자자를 공황 상태에 빠뜨리지만 한편으로는 투자자에게 커다란 기회를 주기도 한다.

| 주요 블랙 스완 사건들의 진행 상황 |

사건	발생 시기	하락폭 (단위: 퍼센트)	하락 기간* (단위: 일)	복구 시일* (단위: 일)
진주만 공습	1941년 12월 7일	-10.2	15	214
한국 전쟁	1950년 6월 25일	-12.9	15	57
1차 석유 파동	1973년 10월 29일	-17.1	27	1,475
검은 월요일	1987년 10월 13일	-28.5	5	398
걸프전	1990년 8월 2일	-12.6	15	130
9.11 테러	2001년 9월 10일	-11.6	6	15
사스	2003년 1월 14일	-14.1	39	40
서브프라임 모기지	2007년 10월 9일	-56.8	356	1,022
리비아 내전	2011년 2월 18일	-6.4	18	29
브렉시트 투표	2016년 6월 8일	-5.6	14	9
코로나19	2020년 2월 19일	-33.9	23	126

• 하락 기간 및 복구 시일은 거래일 기준임.

블랙 스완 사건이 초기에 시장에 준 충격은 상당했지만 대부분 몇 달 안에 시장은 이전 최고 수준으로 돌아왔다. 그럼에도 우리가 여전히 큰 두려움을 느끼는 것은 각 세대별로 회복까지 상당한 시간이 걸린 몇몇 사건들을 경험했기 때문일 것이다. 석유 파동, 검은 월요일, 세계 금융 위기 등은 회복까지 1년 이상 혹은 수년이 필요했다. 따라서 개인 투자자는 계좌가 큰 손실을 입은 상태에서 오랜 시간을 보내면서 공포를 느꼈을 테고 과감히 매수하는 것을 두려워할 수밖에 없다.

그러나 공포는 좋은 주식을 싸게 살 수 있는 선물 같은 기회였음을 우리는 워런 버핏 같은 투자의 대가를 통해 여러 번 지켜본 바 있다. 그러므로 공포 속에서 매수할 수 있는 배짱을 키우는 데서 더 나아가 변동성을 다룰 수 있는 투자 프로세스에 대한 훈련도 꾸준히 해두어야 한다.

VIX 지수로
시장의 공포를 헤쳐 나가라

코로나19의 유행 같은 블랙 스완으로 금융 시장이 충격을 받을 때 투자자는 시련을 겪는다. 하지만 스마트머니는 증시의 조정을 새로운 투자의 기회로 여기고 언제가 바닥인지를 찾으려 노력한다. 이때 시장 하락이 언제 멈출지를 추정하는 데 사용되는 몇 가지 지표 중에 가장 많이 사용되는 것 중 하나는 이른바 월스트리트에서 '공포 지수Fear Index'라고 불리는 'VIX 지수Volatility Index'다.

미국 주식 시장의 변동성 지수

VIX 지수는 시카고옵션거래소CBOE에서 산출하는 지표로, S&P500 지수 옵션 가격의 향후 30일 동안의 변동성에 대한 시장의 기대를 나타낸다. 1993년 미국 듀크대학교의 로버트 E. 웨일리Robert E. Whaley 교수가 미국 주식 시장의 변동성을 산출하기 위해 개발했다. 시장 참가자들이 S&P500 지수의 변동성이 커질 것으로 예상하면 S&P500 옵션 가격Premium이 상승하고 이것은 VIX 지수의 상승으로 이어진다. VIX 지수가 50이라면 향후 30일 이내 옵션 시장에서 S&P500 지수의 변동성이 50퍼센트의 급등락을 예상하는 사람이 많다는 뜻이다.

장기 주식 차트를 보면 몇 달 몇 년에 걸쳐 오른 주가가 불과 며칠 만에 상승분을 다 반납하는 일이 자주 있다. 한마디로 강세장보다 약세장에서 변동성이 더 크다. VIX 지수가 하락에 훨씬 더 민감한 이유며 왜 공포 지수라고 하는지 이해되는 대목이다.

2008년 금융 위기와 코로나19 유행, 투자자에게 악몽과도 같았던 두 사건 중 어떤 것이 더 두려웠을까? VIX 지수를 이용하면 간접적으로 공포의 크기를 수치로 비교할 수 있다.

보통 VIX 지수가 30 이상이면 변동성 커진 것, 즉 위험 경고등이 켜진 것으로 인식하며 20 이하면 낮다고 본다. 2000년 이후 20 전후를 오르내리던 VIX 지수는 2008년 리먼브라더스의 파산 후 80.74(11월 20일)를 기록했다. 이는 역대 최고치로, 1997년 아시아 외환위기 때 38.20, 롱텀캐피털매니지먼트 파산 때 45.74와 비교해보면 2008년 주식 시장의 공포 심리가 얼마나 극심했는지를 알 수 있다. 그런데 코로나19 유행이 VIX 지수 82.69(3월 16일)의 최고치를 경신하게 했다. 코로나19 유행에 대한 공포심이 2008년 금융 위기 때의 공포심을 넘어선 것이다.

투자자들은 VIX 지수의 추세 전환을 보고 투자의 타이밍을 잡는 전략을 사용하기도 한다. 오른쪽 표를 보면 VIX 지수와 S&P500 지수 간의 명확한 음의 상관관계를 확인할 수 있다.

주가는 큰 변동이 없는데 VIX 지수가 상승하기 시작한다면 주가 하락 가능성에 대한 공포심이 커진 것이 원인이다. 반대로 VIX 지수가 최고점을 찍는다면 시장의 바닥으로 해석하고 추세 전환을 준비하는 투자자가 많아서 그렇다.

| VIX 지수와 S&P500 지수의 상관관계 |

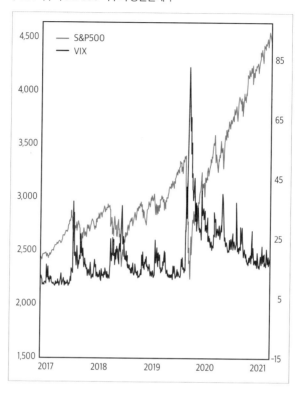

다만 CBOE VIX 지수는 미국 S&P500의 변동성을 예측하는 지수이므로 우리나라 주식에 투자하는 사람에게는 한국의 VIX 지수가 필요하다. 이에 한국거래소는 2009년부터 한국형 VIX 지수라 할 수 있는 코스피 200 변동성 지수Volatility Index of KOSPI200를 발표하고 있다.

그 밖의 시장 위험 지표

VIX 지수 외에도 시장의 위험도를 보여주는 다양한 지표가 있다. 그중 하나가 CNN 머니CNN Money에서 제공하는 '공포와 탐욕 지수Fear&Greed Index'다. 이 지수는 'CNN 변동성 지수CNN VIX Index'라고도 한다.

VIX 지수가 공포심에만 초점을 맞추었다면 공포와 탐욕 지수는 시장의 심리 상태를 표현한다. 즉 시장의 두려움과 욕심을 함께 수치화한 지표다.

공포와 탐욕 지수는 투자 심리를 반영하는 다음 일곱 개의 지표를 가중 평균하여 시장의 공포심과 긍정의 상대 강도를 보여준다.

1. 모멘텀: S&P500 지수의 125일 이동 평균선 이격도.

2. 주가 강도: 뉴욕 증권거래소 52주 신고가와 52주 신저가 주식의 발생 횟수로 측정.

3. 주가 폭: 하락 종목 거래량 대비 상승 종목 거래량으로 계산.

4. 풋옵션·콜옵션 비율: 5일 동안의 풋옵션·콜옵션 비율.

5. 정크 본드 수요: 투자 적격 등급과 투기 등급 채권 간의 수익률 스프레드.

6. 시장 변동성: VIX 지수의 50일 이동 평균선 이격도.

7. 안전한 투자처 수요: 20일 동안의 국채 대비 주가 수익률의 차이.

공포와 탐욕 지수는 50을 중립으로 하고, 0은 극단적 공포 상태를 나타내며, 100은 극단적인 낙관을 나타낸다. 일반적으로 지수가 80 이상이면 시장의 심리 상태가 욕심을 넘어 탐욕의 영역에 들어섰다고 해석하고 주

| 공포와 탐욕 지수 |

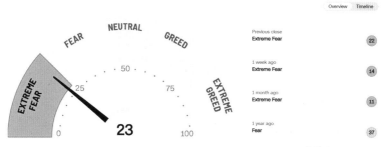

출처: CNN Business

식을 매도한다. 반대로 지수가 20 이하는 침체가 아니라 공포의 영역으로 보아 주식을 매수하는 시점으로 인식한다.

기술적 분석에서 자주 사용되는 다이버전스divergence도 이용한다. 시장은 상승하는데 지수가 전 고점보다 낮아지는 경우에는 분산 국면으로 매도를 하고, 시장은 하락하는 데 비해 지수가 더 하락하지 않는 경우에는 매집 국면으로 매수를 한다.

이 밖에도 CDS 프리미엄, 장단기 금리차, TED 스프레드, 하이일드 채권 스프레드, 금융 스트레스 지수, 실러 지수Shiller PE Ratio 등을 통해서도 시장이 평가하는 위험 수준을 알아볼 수 있다.

탐욕스러운
자산 거품의 역사

가격과 가치는 다르다. 일반적으로 가격이 가치보다 낮은 상황을 '저평가되었다'고 하며, 가격이 가치보다 높을 때는 '고평가되었다'고 한다. 특히 가격이 가치보다 심각할 정도로 높을 경우 흔히 '거품bubble'이라고 표현한다. 적정 가치를 평가하는 기준은 너무나 다양하기 때문에 특정 가격이 저평가인지 고평가인지 명확히 이야기하기란 쉽지 않다. 같은 이유로 역사상 가장 큰 거품이 무엇이었는지에 대한 논쟁은 오랜 시간 계속되어왔다. 블랙 스완이 공포심으로 인해 가치보다 가격이 급격하게 하락하는 상황을 만든다면, 자산 거품은 탐욕으로 인해 가치보다 가격이 월등하게 높은 상태라 할 수 있을 것이다.

튤립 파동(1637)

17세기 네덜란드에서 있었던 튤립 파동Tulip Mania은 자산 거품 혹은 투기 역사의 고전이라 할 만하다. 역사상 그 어떤 거품도 그렇게 낮은 효용이 그렇게 높은 가격에 판매된 적은 없었다.

당시 경제적 호황을 누리던 네덜란드에 터키에서 수입된 튤립은 처음에는 맛도 약효도 별로 없는 생소한 식물일 뿐이었다. 그러다 다양한 재배 방식으로 다채로운 튤립이 등장하자 식물 애호가들 사이에서 큰 인기를 끌었다. 튤립을 찾는 수요가 많아짐에 따라 가격이 급속히 오르기 시작했고 튤립 구근을 노리는 도둑까지 나타났다. 여기에 튤립으로 일확천금을 노리는 투자자까지 합세하여 더욱 가격 상승을 부추겼다.

튤립 가격은 1636년 12월부터 1637년 2월까지 급등했으며, 특히 바이러스에 감염되어 변종이 된 화려하고 정교한 색상과 무늬의 희귀 품종은 구근 하나가 집 한 채 가격인 5천 길더까지 치솟았다. 이런 광풍은 튤립이 싹을 피우기 시작한 2월부터 점차 가라앉았다. 사람들이 생각보다 튤립을 희귀하게 여기지 않기 시작하고 더 비싼 가격으로 튤립을 살 바보 같은 구매자가 없어지자 가격은 폭락했다.

17세기 네덜란드에서는 한동안 튤립이 갑작스런 인기를 얻으며 투기 소동을 일으켰다. 네덜란드 화가 미하일 얀스 판 미에르펠트(Michiel Jansz. Van Mierevelt)의 「부부의 초상(Portrait of a Husband and Wife)」(1609).

튤립 파동은 투기 역사에서 너무나도 잘 알려져 있다. 하지만 다소 과대 포장된 측면이 있다. 튤립 파동의 절정기에 거래에 참여한 사람은 한정적이었다. 즉 거래된 가격은 높았으나 거래량이 많지 않았다. 실제로 그 시대에 튤립 파동이 네덜란드 경제에 미친 영향도 미미했다.

튤립 파동은 거품과 어리석음의 상징이었지만 그 뒤로도 네덜란드에서는 새로운 튤립의 종자 개발이 계속되었다. 그리고 결국 튤립은 네덜란드에 '세계 1위 꽃 수출국'이란 명성을 안겨주며 국가적 상징이 되었다.

남해회사 거품(1720)

남해회사South Sea Company는 영국 정부가 재정 문제를 해결하기 위해 1711년 의회의 인증을 받아 국채를 자본금으로 설립했다. 당시 영국은 9년 전쟁(1688~1697) 이후 스페인의 왕위 계승 전쟁 등 여러 전쟁에 휘말리면서 재정적으로 상당히 어려웠다. 영국 정부는 늘어나는 국채 이자와 원금 상환의 압박에서 벗어나기 위해 남해회사에 남아메리카 무역의 독점 거래권을 보장하는 조건으로 국가 부채를 떠넘겼다.

영국이 1713년 위트레흐트 조약을 통해 스페인령 서인도 제도에 아프리카 노예를 공급할 권리를 확보한 이래로, 남미 지역의 수익률 높은 노예 무역과 영국 정부로부터 받는 채권 이자는 남해회사 수입의 큰 축이 되었다. 그런데 1718년 스페인과의 사국 동맹 전쟁으로 노예 무역이 원활하지 않게 되자 남해회사는 그 손실분을 만회할 목적으로 채권 이자 수익을 더

늘릴 계획을 세웠다. 유상 증자로 추가 발행한 남해회사 주식을 국채로 교환할 수 있는 특허장을 받은 뒤 교환한 채권으로 정부로부터 안정적인 이자를 받는 것이었다.

국채를 주식으로 교환할 수 있는 특권, 국채에 대한 안정적인 이자 수익, 영국의 영향력이 미치지 못하는 스페인령 남아메리카로의 확장 가능성은 남해회사를 유망한 투자처처럼 보이게 했다. 사실 남미의 노예 무역은 그 규모가 크지 않아 생각보다 많은 수익이 되지는 않았다. 하지만 이런 정보를 아는 사람은 제한적이었고 남아메리카가 마치 금과 은이 가득한 엘도라도와 같은 곳일 거라는 영국인의 막연한 환상까지 더해져 1720년

| 1719~1722년 남해회사의 주가 차트 |

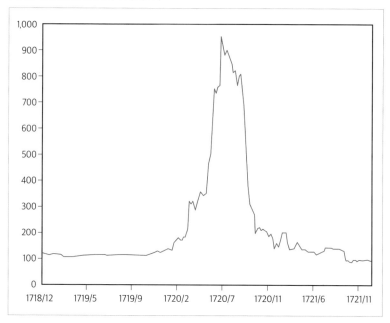

남해회사의 주식은 오르기 시작했다. 연초에 120파운드 정도였던 주가는 5월 26일 실제로 국채-주식 전환이 성공적으로 이루어지자 더욱 빠르게 상승했다. 역사적인 주가 상승에서 홀로 소외되는 것이 아닌가 하는 일반 투자자들의 두려움은 남해회사 주가를 훨씬 더 높였는데, 이때 심지어 위대한 과학자이자 훌륭한 투자자였던 아이작 뉴턴Isaac Newton까지 남해회사 주식에 투자했다.

6월에는 주가가 1천 파운드를 넘어섰고 남해회사 주식의 시가 총액은 영국의 모든 토지 가치의 약 두 배에 이르렀다. 6월 17일 이루어진 5천만 파운드(공모가 1천 파운드)의 주식 3차 공모는 하루 만에 매진되었는데 영국 국채 전체와 맞먹는 금액이었다.

하지만 비이성적인 투자로 인해 요동쳤던 주가는 시간이 지나면서 돌아오는 이성과 함께 제자리로 향하기 마련이다. 거품이 늦여름부터 9월까지 붕괴되면서 주가가 급락하여 연말에는 제자리로 돌아왔다. "이번은 다르다"라고 외쳤던 많은 사람이 돈을 잃었고 자살하는 사람마저 속출했다.

한편 뉴턴은 초기에 남해회사에 투자하여 주가가 비정상적으로 치솟자 현금화하여 7천 파운드를 벌었다. 그러나 매도 이후에도 가격이 계속 상승함에 따라 그는 다시 정점에 투자했고 얼마 뒤 주가 폭락으로 2만 파운드의 손해를 봤다. 그는 "천체의 움직임은 계산할 수 있지만, 사람들의 광기는 계산할 수 없다"는 씁쓸한 명언을 남겼다. 비록 남해회사의 투자에서는 큰 손실을 보았어도 그는 영리하고 성공적인 투자자였다. 뉴턴의 이야기는 능력, 지식, 인맥을 갖춘 사람이라도 시장의 광기에 물들어 이성을 잃을 수 있음을 보여주는 사례로 자주 인용된다.

일본 거품 경제(1989)

1945년 태평양 전쟁에서 패전한 일본은 '주식회사 일본Japan Inc.'으로 불리는 특유의 관료주의와 높은 저축률, 장인 정신을 앞세워 빠른 속도로 다시 일어섰다. 매년 10퍼센트의 성장률을 보인 1950~1960년대를 지나 1980년대에는 미국이 재정과 무역의 쌍둥이 적자에서 허둥대는 동안 토요타 · 닛산 · 혼다로 대표되는 자동차 산업과 소니 · 마쓰시타 · 샤프를 앞세운 전자 산업으로 세계의 중심으로 돌아왔다.

냉전 시대에 미국은 일본과 유럽 등에 미군을 주둔시켜야 했고, 이들 국가는 미군 덕분에 국방비를 줄여 그 돈으로 경제 발전에 보탰다. 결과적으로 미국 상품은 시장을 잃을 수밖에 없었는데 미국은 이 모순된 논리를 환율 조정으로 해결하고자 했다. 미국은 주요 무역 적자 상대국인 일본, 독일, 프랑스, 영국이 수출 경쟁력을 위해 환율을 조작했다고 판단했고 1985년 9월 22일 플라자 합의Plaza Accord를 통해 해당국들의 통화 절상을 약속받았다.

플라자 합의에 따라 일본은 1986년 1월 엔화 환율을 1달러당 259엔에서 150엔으로 떨어뜨렸다. 그러자 일본 수출품의 가격 경쟁력이 낮아졌고 수출 기업은 위기에 빠졌다. 일본은행은 기업을 지원하는 동시에 수출 악화로 인해 내수 시장을 키워야 한다는 명분으로 재할인율을 네 차례에 걸쳐 5퍼센트에서 2.5퍼센트로 낮추었다.

금리 인하로 발생한 풍부한 유동성은 부동산과 주식으로 몰려들었다. 1984년 1제곱미터당 133만 엔 하던 도쿄 상업 지구의 가격이 1986년 421만 엔으로 두 배 이상 올랐고 주거 지역의 부동산 가격도 45퍼센트나 상승했다. 도쿄에서 시작된 부동산 거품은 요코하마, 지바현을 거쳐 전국으로 퍼졌다. 주식 시장도 유동성에 반응했다. 1984년 9,900~1만 1,600포인트에 머물던 닛케이225 지수는 플라자 합의 후 상승하기 시작하여 1986년 8월 1만 6천 포인트에 이르렀다.

주가 거품의 상징으로 회자되는 1987년 2월 상장된 일본전신전화공사NTT, Nippon Telegraph & Telephone Co.의 주가는 1주당 120만 엔에 첫 거래된 이후 3개월 만에 320만 엔으로 치솟았다. 최고점에 오른 당시 NTT 시가 총액은 50조 엔으로 독일과 홍콩 상장 기업의 전체 시가 총액을 넘어섰다.

플라자 합의 이후 엔화가 두 배 이상 절상된 것은 해외 자산의 가격이 절반 이하로 할인된 것과 같은 효과가 있었다. 일본인은 해외 부동산 구매와 기업 인수는 물론 예술 작품부터 골프 회원권까지 엔화의 힘으로 쓸어 담았다. 심지어 하와이의 주요 호텔과 식당을 싹쓸이하자 '제2차 진주만 공습'이라는 말이 나올 정도였다. 이 시기에 뉴욕의 상징과 같던 록펠러 센터를 비롯해 캘리포니아 페블비치의 호텔과 골프장, 컬럼비아픽처스, MGM유니버설 등이 일본 자본에 넘어갔다. 미쓰이물산은 뉴욕 맨해튼 6번가의 엑손빌딩을 6억 2500만 달러에 샀는데, 당시 기네스북에 오르기 위해 매도자가 부른 값보다 2억 6천 억 달러를 더 지불했다.

전 세계의 명품 가방과 최고급 와인이 일본인에게 소비되었다. 엔(¥)의 침공은 예술품 시장에도 이어져 파블로 피카소의 「작은 돌의 결혼식」, 오귀스트 르누아르Auguste Renoir의 「갈레트의 풍차에서」, 빈센트 반 고흐의 「해바라기」 같은 명작을 사들였다. 이로 인해 인상파 화가의 작품 가격이 20배 넘게 올랐는데 고흐의 「가세 박사의 초상」은 무려 8200만 달러에 일본 제지사 회장에게 팔렸다.

이 같은 일본 거품을 멈출 기회는 있었다. 1987년 2월 파리에서 경제 선진국 6개국이 모여 루브르 합의Louvre Accord를 하고, 그간 달러 절하의 충분한 효과를 본 플라자 합의는 종료했다. 그때 전문가들은 금리를 올려 자산 거품을 처리해야 한다고 주장했지만, 일본은행은 오히려 재할인율 을 3퍼센트에서 2.5퍼센트로 인하했다.

재할인율 인하 조치는 부동산과 주식 시장은 광란의 시기를 가져왔다.

1989년 일본 기업 미쓰비시는 뉴욕의 상징 록펠러센터를 사들였다가 1995년 손해를 보고 채권단에 넘기고 말았다.

단위: 경제 성장률(퍼센트)

닛케이 지수는 1989년 12월 29일 3만 8,957.44포인트까지 올랐고 이에 대해 노무라증권은 1995년이면 8만 포인트에 이를 것으로 전망했다. 주가 수익 비율(이하 'PER')이 100이 넘는 회사들이 수두룩했고 일본 최대 항공사 JAL은 PER가 400에 달했다.

기업들은 은행 대출로 부동산 구입에 혈안이었고, 심지어 본업에서 번 돈보다 투자로 번 돈이 더 많았다. 1990년 일본의 전체 부동산 가치는 2천조 엔을 넘어 미국 땅값의 네 배에 이르렀다. 일본 왕이 사는 도쿄 황궁의 땅값은 프랑스나 미국 캘리포니아주 전체보다 비쌌으며, 긴자 거리에 떨어뜨린 1만 엔 지폐는 그 지폐가 덮은 면적의 땅보다 가치가 없었다.

거품이 극에 달하자 일본은행은 1989년 5월 재할인율을 0.5퍼센트포인트 올리며 금융 긴축 정책으로 돌아섰고 1990년 8월까지 다섯 차례에 걸쳐 6퍼센트까지 인상했다. 일본 장기 국채 수익률이 7퍼센트대에 이르자 투자 자금이 주식 시장을 떠나 채권 시장으로 옮겨갔다. 외국인 투자자가 선물 시장에서 매도 포지션을 취했고 닛케이 지수는 떨어졌다. 1991년 한 해에만 43퍼센트가 폭락했고 1992년 8월 최고점 대비 60퍼센트 하락한 1만 4,338포인트까지 떨어졌다.

대출 총량제 등의 규제로 신규 수요가 줄어든 상태에서 금리 인상으로 대출 이자에 부담을 느낀 매물이 시장에 나오면서 부동산 가격이 하락하기 시작했다. 1992년 말 도쿄의 부동산 가격은 최고점 대비 60퍼센트 이상 하락했고 부동산에 과도한 대출금을 내주었던 은행들은 부도 위기에 처했다.

금융 시장은 유동성 함정에 빠졌으며 신용 경색이 이어졌다. 1995년 8월 부실한 은행과 신용 조합에서는 예금 인출 사태가 일어났다. 거품 붕괴는 소비와 투자의 위축을 가져왔고 파산하는 기업들이 속출했다. 1997년 10월 산요증권을 시작으로 홋카이도타쿠쇼쿠은행, 야마이치증권이 차례로 쓰러졌다. 일본은행은 다시 금리를 내리기 시작했고 2000년에는 제로 금리까지 도달했지만, 거품 붕괴 후 GDP 성장률은 평균 1퍼센트대를 벗어나지 못했다.

언론에서 자주 인용되는 '잃어버린 10년失われた十年'의 시작이었다.

국제 유가의 지표, 3대 벤치마크 원유

신문이나 방송에서 국제 유가를 이야기할 때 빠지지 않는 이름 세 개가 있다. 바로 서부 텍사스산 원유WTI, 북해산 브렌트유BTI, 두바이유Dubai Oil로 이것들을 일명 '3대 벤치마크 원유'라고 부른다.

미국 에너지관리청EIA에 따르면 전 세계에서 원유를 생산하는 나라는 120개국에 이르며 하루 50만 배럴 이상을 생산하는 나라만도 29개국이다. 각 나라에서 생산되는 원유는 품질, 생산 원가, 유통 방식에 따라 가격도 천차만별이다. 이런 복잡한 원유 시장을 대표할 만한 가격이 필요함에 따라 만들어낸 것이 벤치마크 원유다.

벤치마크 원유의 특징

원유 시장의 가격을 대표할 수 있는 벤치마크가 되려면 지속적인 가격 고시가 가능하도록 원유의 생산과 운영, 법적 제도가 안정적이어야 하고 그 가격 형성이 투명해야 한다. 예를 들어 브렌트유의 경우 15개 이상의 생산자가 관여하고 있어 한두 생산자에 의해 가격이 좌지우지되기 어렵다.

원유는 생산지와 산출되는 유층에 따라 그 품질이 다르다. 가공되지 않은 석유에는 탄소 80~86퍼센트, 수소 12~15퍼센트, 그리고 기타 성분인 황·질소·금속·수분·가스 등이 포함되어 있다. 보통 원유의 품질을 평가하는 두 가지 척도는 탄소 비중(밀도)과 황 함유량이다.

미국석유협회API, American Petroleum Institute는 화학적 석유 비중 표시를 객관화하는 지수인 'API 비중'을 만들었다. API 비중은 물을 10으로 했을 때 석유의 비중을 견준 값이다. API 지수가 클수록 경질, 값이 작을수록 중질이라 한다. 보통 API 지수가 34도 이상이면 경질(勁疾, light)유, 24~34도를 중질(中質, medium)유, 24도 이하를 중질(重質, heavy)유라고 한다.

원유에 포함된 황 함유량도 품질을 평가하는 중요 항목이다. 일반적으로 황 함유량이 적을수록 연료로서 연비가 좋고 연소 시 이산화황이 적게 배출되어 인체와 대기에 덜 해롭다. 0.7퍼센트 이하의 저유황 원유에는 '달다sweet'는 표현을 쓰고 그 이상을 '시다sour'고 표현한다.

가장 품질이 좋은 원유는 API 지수가 높고 유황 함유량이 적은 저유황 경질유Light Sweet Crude Oil다. 품질이 좋은 원유일수록 정유 가스나 항공유, 휘발유 같은 고급 기름을 더 많이 얻을 수 있다.

3대 원유의 특징

서부 텍사스산 원유

서부 텍사스산 원유는 주로 뉴욕상업거래소NYMEX와 미주 지역 석유 시장에서 거래되는 모든 원유의 가격을 결정하는 기준이 된다. 서부 텍사스산 원유는 미국 서부 텍사스와 멕시코에서 생산되며 파이프라인을 통

서부 텍사스산 원유는 파이프라인으로 운반된다.

해 오클라호마주의 쿠싱 지역에 저장된다. 육로로 공급되어 유통비 등 원가가 높아 판매가 또한 비싼 편이다.

API 지수 39.6도, 유황 함량 0.24(wt%)로 상대적으로 밀도가 낮고, 황 함유량이 적은 저유황 경질유의 고급 원유다. 한때 우리나라에서 '서부 텍사스산 중질유'란 명칭으로 잘못 사용되었으며 나중에 석유공사에서 '서부 텍사스산 원유'로 바로잡았다.

브렌트유

북해산 브렌트유는 영국과 노르웨이 북해 지역의 유전에서 생산된 원유로 유럽과 아프리카 지역에서 생산되는 원유의 기준 가격이 된다. 오늘

브렌트유는 북해 지역의 유전에서 생산된다.

날 전 세계 모든 원유의 3분의 2가 브렌트유를 기반으로 가격이 산정된다. 브렌트Brent라는 이름은 브룸Broom, 라녹Rannoch, 에티브Etive, 네스Ness, 타버트Tarbert 등 북해 유전의 다섯 개 지층 머리글자에서 따왔다. 브렌트유는 바다에서 추출하는 방식이기 때문에 수송이 용이하다.

API 지수는 38.3도, 유황 함량 0.37(wt%)로 서부 텍사스산 원유와 마찬가지로 저유황 경질유로 분류되지만 서부 텍사스산 원유보다 황 함량이 높다.

두바이유

두바이유는 중동의 아랍에미레이트연합UAE에서 생산되는 원유로 오만 원유와 함께 아시아 지역에서 거래되는 원유 가격의 기준이 된다. 대부분의 중동 원유 가격이 두바이유 현물 가격에 연동되며, 우리나라 수입 원유 가격은 두바이유의 영향을 가장 크게 받는다.

API 지수는 31.0도, 유황 함량 2.04(wt%)로 고유황 중질유(Heavy Sour Oil)로 분류된다.

그 밖의 벤치마크 원유

OPEC의 석유 바구니

OPEC의 석유 바구니ORB, OPEC Reference Basket는 회원국이 생산하는 대표 유종의 가격을 가중 평균한 값으로 OPEC의 증산과 감산을 조절하는 정책 결정 지표로 활용된다.

2005년 6월 16일 처음으로 발표할 때는 일곱 개의 유종을 가중 평균했으며, 현재는 유종이 사하라 블렌드Saharan Blend(알제리), 지라솔Girassol(앙골라), 제노Djeno(콩고), 자피로Zafiro(적도 기니), 라비 경질유Rabi Light(가봉), 이라니안 중질유Iran Heavy(이란이슬람공화국), 바스라 경질유Basra Light(이라크), 쿠웨이트 엑스포트Kuwait Export(쿠웨이트), 에스 시데르Es Sider(리비아), 보니 경질유Bonny Light(나이지리아), 아랍 경질유Arab Light(사우디아라비아), 무르반Murban(아랍에미리트), 머레이Merey(베네수엘라) 등으로 늘어났다.

러시아의 우랄스유

우랄스유Urals Oil는 러시아의 수출 석유 가격 책정의 기초로 사용되는 값이다. 서시베리아의 경유와 우랄과 볼가 지역의 고유황 중질유를 가중 평균하여 산출한다. 우랄스 원유 선물은 모스크바거래소에서 거래되고 있으며, '러시아 수출 원유 블랜드REBCO'라는 이름으로 뉴욕상업거래소 NYMEX에서 거래 시도가 있었으나 체결된 거래는 없었다. 우랄스유의 가격은 러시아 재무부, 민간 정보 회사 레핀티프, 아르구스미디어 등에서 발표하는데 서로 일치하지 않는 등 가격의 투명성이 의심되었기 때문이다.

4장
함께하는 삶

환경 · 지구

기후 변화와
티핑 포인트

○ ○

기후 관련한 과학, 정책 등을 다루는 웹사이트 카본 브리프CarbonBrief는 온실가스 배출량의 증가로 인해 세계 곳곳에서 발견되는 기후 위기의 티핑 포인트Tipping Point 아홉 가지를 경고했다. 티핑포인트란 어떤 상황이 처음에는 미미하게 진행되다가 갑자기 모든 것이 급격하게 변하기 시작하는 극적인 순간이다. 즉 임계점과 유사한 의미다. 그 경고들 가운데 중요한 몇 가지를 짚어보자.

아마존 열대 우림에
잎마름병 발생

국제 사회가 기후 변화에 공동 대응하기로 한 1992년 이후 30여 년이 지났다. 그 후 연간 전 세계 온실가스 배출량은 오히려 1.5배 증가했고 그 기간 중 '최고 기온을 기록한 열흘'을 뽑으면 모두 최근 10년 안에 몰려 있을 만큼 이제는 기후 변화를 넘어 기후 위기가 현실로 다가왔다. 우리나라의 온실가스 배출량도 1992년 3억 4400만 톤에서 2017년 7억 900만 톤으로 두 배 이상 늘었고 평균 온도도 약 1.4도 올랐다.

지구 온난화로 기후가 고온 건조해지면서 아마존 열대 우림에 잎마름병이 발생했다. 이로 인해 산림이 열대 초원(사바나)으로 변하거나 심각하게 황폐화되었으며, 향후 생물 다양성이 손실되고 강우량이 감소될 것으로 전망된다. 열대 우림은 우기 때 내린 빗물을 저장해두었다가 건기 때 물을 흘려보내는 스펀지 기능을 한다. 열대 우림이 파괴되면 토양층이 강렬한 햇빛과 폭우에 노출되어 토양이 유실되고, 가뭄과 홍수 피해가 늘어나 지역민이 생활의 터전을 잃을 수 있다.

열대 우림은 광합성을 하여 온실가스인 이산화탄소를 흡수하고 산소를 배출한다. 그리고 지구의 기온이 올라가면 증산 작용을 통해 수증기를

열대 우림은 지구의 생물 다양성을 위해 우리가 반드시 지켜야 할 자연 환경이다. 앙리 루소의 「원숭이가 있는 열대 숲(Tropical Forest with Monkeys)」(1910).

공기 중으로 배출해 온도를 떨어뜨리는 역할을 한다. 미국 버지니아대학교 연구팀은 지구 온난화로 열대 우림이 완전히 없어질 경우 온실가스의 영향으로 지구의 평균 기온이 인한 상승하는 것 외에도 0.7도나 추가로 상승할 것으로 전망했다.

대서양 자오선
역전 순환류의 붕괴

영화 「투모로우」(2004)는 지구의 기온이 급강하며 지구에 빙하기가 도래하는 재난 상황을 그려냈다. 영화에 등장하는 기후학자는 열대의 따뜻한 해류를 북대서양으로 이동시키는 '대서양 자오선 역전 순환류AMOC, Atlantic Meridional Overturning Circulation'에 이상이 생겨 기온이 급강하한다고 설명한다. AMOC는 난류를 북부로 실어 나르고, 한류를 남부로 움직이는 지구 열 전달 벨트의 원동력이 되는 현상이다. 무거운 한류가 심해로 가라앉으면서 바다에 용해된 이산화탄소를 함께 심해로 가두는데 결과적으로 기후 온난화의 속도를 늦춘다. 과학자들은 AMOC가 지난 15~20년간 지구 온난화로 인한 온도 상승을 0.8도 정도 상쇄했다고 분석했다.

그런데 기후 변화로 인한 강수량 증가, 그린란드 빙상 붕괴 등으로 북대서양에 민물 유입이 증가하면 대서양 자오선 역전 순환류가 발생하지 않을 수 있다. 만일 그렇게 되면 지역적인 냉각화와 해수면 상승이 야기될 것이다.

산호초의 백화 현상

산호초는 지구 온난화에 가장 민감한 생태종으로 알려져 있다. 해양 생태계에서 산호초는 바다의 열대 우림이라 불릴 만큼 수백만 해양 종을 지탱하는 생태 시스템이다.

산호를 둘러싸고 있는 플랑크톤은 1제곱미터당 1,500~3,700그램의 이산화탄소를 흡수한다. 그런데 최근 30년간 지구상 산호초의 50퍼센트가 사라졌다. 또한 높아진 해수 온도로 인해 다량의 산호초가 색을 잃는 백화 현상Coral Bleaching이 보고되고 있다.

백화 현상은 산호의 세포 조직 안에 사는 공생 조류와 밀접한 관계가 있다. 이 둘은 공생 관계로 산호가 조류에게 먹이를 공급해 광합성을 돕

해양이 오염되어 아름다운 색을 잃고 석회 골격만 남는 백화 현상이 일어난 산호초

는다. 조류 역시 먹이를 공급하면서 산호의 색을 형성한다. 수온이 높아지거나 오염되면 조류가 산호를 떠나고 석회 골격만 남는 백화 현상이 일어난다.

백화 현상이 지속되면 식량 공급원을 확보하지 못해 산호초는 죽음을 맞을 수밖에 없다. 산호초가 사라지면 해양 생태계의 25퍼센트가 영향을 받을 것으로 예측된다.

북극 영구 동토층의 유실

탄소가 다량 포함된 채 얼어 있던 북극의 영구 동토층이 지구 온난화로 인해 녹아내림에 따라 그 속에 있던 이산화탄소와 메탄이 급격히 방출되어 다시 지구 온난화를 증폭시키는 악순환이 벌어지고 있다.

온난화로 극지방의 온도가 올라가 영구 동토가 녹으면 그 속에 들어 있는 동식물의 사체 등 다양한 유기물이 부패한다. 그 과정에서 이산화탄소는 물론 이산화탄소보다 20배 이상 강력한 온실 효과를 지닌 메탄이 대량으로 대기 중으로 빠져나온다.

북반구의 4분의 1가량을 덮은 영구 동토층에 갇혀 있을 것으로 추정되는 1672억 톤에 이르는 유기물 형태의 탄소는 되돌릴 수 없는 기후 변화의 시한폭탄이라 할 수 있다.

그린란드 빙상의 붕괴

그린란드 빙상ice sheet은 지구에 존재하는 두 번째로 큰 얼음 덩어리다. 그린란드의 거대한 대륙 빙하는 지난 20년간 산업혁명 이전인 18세기 초보다 다섯 배 빠른 속도로 사라지고 있다. 그린란드에서는 2000년대 들어 연간 500기가톤의 얼음이 유실되고 있다.

우리에게는 다 비슷하게 보이는 극지의 얼음은 사실 해빙海氷과 빙하氷河로 나누어진다. 해빙은 바닷물이 얼어서 생긴 얼음이고, 빙하는 수만 년 쌓인 눈이 다져진 민물로 이루어진 얼음이다. 지구상의 민물의 99퍼센트는 극지나 고산 지역의 빙하의 형태로 존재하며 나머지 1퍼센트가 전 세

그린란드는 지금 기후 변화로 빙상이 녹는 현상을 겪고 있다.

계의 강과 호수의 물이다.

빙하는 다시 빙상ice sheet과 빙붕ice shelf, 빙산iceberg으로 나누어진다. 빙상은 면적 5만 제곱킬로미터 이상의 거대한 얼음 평원으로 주로 남극과 그린란드에 존재한다. 빙붕은 빙상과 바닷물이 만나는 경계 지역이며, 빙산은 빙붕의 일부가 바다로 떨어져 나간 얼음 덩어리 중 얼음이 해수면 위로 5미터 이상 솟아 있는 것을 가리킨다. 특히 빙상과 빙산은 발음까지 비슷하여 혼동하기 쉽지만 기후 변화로 인한 해수면의 상승이라는 관점에서는 전혀 다르다고 할 수 있다.

사실 기후 변화로 모든 빙산이 녹아도 해수면의 상승은 거의 없다. '빙산의 일각'이라는 말처럼 빙산의 90퍼센트는 이미 물에 잠겨 있는 데다가 나머지 10퍼센트가 녹는다 해도 얼음이 물로 액화될 때 부피가 약 10퍼센트 줄어들기 때문이다.

하지만 원래 육지에 있던 빙상의 붕괴는 전혀 다른 이야기다. 빙상의 붕괴는 해수면 상승의 직접적인 원인이 된다. 특히 그린란드의 빙상 붕괴는 전 지구적 문제다. 지구 온도 상승으로 빙상에서 녹은 얼음은 대서양으로 흘러가고 결국 세계 모든 바다의 해수면을 상승시킬 수 있다. 전문가들은 이럴 경우 해수면이 2~7미터가량 상승할 것으로 예상한다.

서남극 빙상의 붕괴

남극 대륙은 본초자오선을 기준으로 크게 서남극(남극반도 쪽의 서반구에 위치한 부분)과 동남극(동반구에 위치한 부분)으로 구분된다. 그중 서남극 빙상의 붕괴는 약 3.3미터의 해수면 상승을 가져올 뿐만 아니라 서남극 빙상의 붕괴가 다른 지역 빙상의 붕괴를 촉발할 수 있다. 이로 인해 지속적인 남극 대륙의 면적이 축소될 경우 전 세계의 해수면이 5미터가량이나 상승될지 모른다.

북방림의 변화

북극의 툰드라 남쪽 지역에 존재하는 북방림은 지구 표면의 30퍼센트를 차지하는 최대의 생물군蘗이다. 최근 북방림 지역의 온난화가 지구 평균보다 두 배쯤 급격히 진행되는 중이다. 이에 따라 툰드라 등 북방림의 서식 지역이 북쪽으로 계속 이동하고 아마존의 열대 우림과 마찬가지로 잎마름병이 일어나 산림 손실이 발생하고 있다.

북방림 생태계의 변화는 탄소 축적량, 지역적 반사율, 탄소 흡수 능력에 영향을 미칠 수 있다. 문제는 이 변화가 전 지구적 생태계에 미치는 영향과 속도를 예측하기 불가능할 만큼 생지화학적 되먹임 현상이 너무 복잡하게 얽혀 있다는 것이다.

무자비한 정복자 vs
기후 변화 문제의 공헌자

2019년 전 세계 탄소 배출량은 약 367억 톤이었다. 탄소 배출을 줄이기 위한 전 세계적인 노력이 이어지고 있지만 실제 배출량을 줄이는 것은 기술적으로도 사회 구조적으로도 보통 어려운 일이 아니다.

칭기즈칸이
지구 기후 변화에 공헌한 것

만약 혼자서 7억 톤의 탄소를 줄인 사람이 있다면 세상은 그에게 어떤 칭호를 붙여주어야 할까? 그 사람은 바로 칭기즈칸이다. 로마제국, 알렉산더제국, 구舊 소련은 세계사에서 광대한 영토를 자랑했던 나라들이다. 하지만 인류 역사상 가장 넓은 영토를 차지했던 나라는 칭기즈칸의 몽골제국이었다. 13세기 유라시아 전역을 차지하며 지구 표면의 거의 5분의 1을 차지했다.

칭기즈칸만큼 극단적인 평가를 받는 역사적 인물도 많지 않다. 몽고의 시각에서는 인류 최고의 전사, 왕 중의 왕이고, 침략당한 쪽에서는 여러

13세기 유라시아를 평정한 칭기즈칸의 동상.

문명과 인간을 살육한 파괴자, 신이 내린 재앙으로 평가한다. 칭기즈칸은 정복 전쟁 때 항복하는 경우에는 해당 지역의 자치권을 인정하고 여러 혜택을 주었고, 반대로 대항하는 경우는 말 그대로 풀 한 포기 남기지 않고 사람, 건물 할 것 없이 모든 것을 초토화시켜버렸다. 이런 칭기즈칸에 대한 소문은 서양으로까지 퍼져 나가 당시 전 유럽은 말발굽 소리만 들어도 공포에 떨었다.

칭기즈칸의 정복 전쟁으로 수많은 사람이 죽고 도시와 마을이 파괴되었다. 하지만 아이러니하게도 폐허가 되어 버려진 지역은 자연 상태로 돌아갈 수 있었다.

기후에 대한 인간의 영향은 화석 연료를 본격적으로 사용한 산업화 시대부터 시작되었다고 알려져 있으나 사실 인간이 수천 년 전 농사를 지으려고 숲을 개간했을 때부터 시작되었다고 할 수 있다. 중국은 6세기 말부터 7세기 초에 이르는 수·당 시대에 인구가 1억 명을 넘어서며 연료로 사용하던 목재의 부족 현상이 심각해졌다. 이 문제를 해결하기 위해 중국인은 인구가 밀집된 화북 지역을 중심으로 화석 연료인 석탄의 사용을 늘렸다. 특히 10세기 송나라 때는 기술 발달로 도시화가 빠르게 이루어졌으며 탄소 배출도 급증했다. 또한 원거리 해상 무역이 활발해지면서 석탄 사용량이 크게 증가했다. 그러다 몽골과의 오랜 전쟁으로 인구가 감소하고 도시화 속도가 늦춰지자 석탄 사용량이 줄어들었다.

중국을 비롯해 유라시아 대륙에서 칭기즈칸과 몽골 군대와의 전쟁으로 4천만 명 이상이 사망했고 광활한 지역이 자연 상태로 돌아갔다. 이 정복 행위를 오늘날 기후 변화의 관점에서 보면 '재조림'이라 할 수 있다. 넓은 농경지가 다시 숲으로 돌아가면서 7억 톤의 이산화탄소를 흡수했는데 이는 전 세계가 1년 동안 휘발유를 사용함으로써 배출하는 탄소량에 필적한다. 그 결과 대기 오염과 지구 온난화가 최소 200년 이상 늦춰지고 지구기온도 떨어진 것으로 분석된다.

콜럼버스가 일으킨 아이러니한 기후 변화

인구의 급격한 감소 후 산림의 회복으로 기후에 영향을 끼쳤던 비슷한 사례는 또 있다. 콜럼버스가 신대륙 항로를 발견한 이래 1519년 에르난

코르테스Hernán Cortés의 멕시코의 아즈텍 제국 정복을 시작으로 프란시스코 피사로Francisco Pizarro, 디에고 데 알마그로Diego de Almagro, 후안 데 그리할바Juan de Grijalva 등 여러 정복자가 금을 찾아 아메리카 대륙으로 향했다.

그들과 함께 온 것은 총과 화약, 철제 갑옷으로 무장한 무기뿐만이 아니었다. 동행했던 가축, 노예로부터 천연두를 비롯한 발진티푸스, 디프테리아, 홍역 같은 질병이 전해져 아메리카 전체로 퍼졌다. 이런 질병에 대한 면역력이 전혀 없던 아메리카 원주민은 죽음으로 내몰렸다.

전염병이 퍼지는 속도는 스페인 군대가 진군하는 속도보다 훨씬 빨랐다. 천연두로 죽지 않은 사람들은 독감으로 사망했고, 거기서 살아남은 사람들은 홍역에 걸렸다. 이외에도 전쟁, 기근, 식민지 잔혹 행위가 이어졌

콜럼버스가 아메리카 대륙을 발견한 모습을 그린 미국 화가 존 밴덜린(John Vanderlyn)의 작품 「콜럼버스의 상륙(The Landing of Columbus)」(ca.1840).

고 결과적으로 유럽인의 아메리카 진출로 아메리카 인구의 90퍼센트 이상이 죽었다.

그런데 아메리카 원주민의 비극적인 역사는 아이러니하게도 산림을 회복시키고 나아가 기후 변화에 영향을 미쳤다. 과학자들은 급속한 인구 감소로 아메리카 대륙의 버려진 대규모 농경지가 다시 인간의 개입이 없던 자연 상태의 산림으로 채워지면서 1500~1750년 사이의 소빙하기Little Ice Age의 한 원인이 될 만큼 충분한 탄소를 흡수한 것으로 분석했다.

14세기 말 유럽의 흑사병 창궐, 17세기 후반 명나라의 멸망 등과 같이 단기간에 수천만 명 이상이 사망한 사건들 역시 기후에 영향을 주었다. 다만 흑사병 창궐과 명나라의 멸망은 숲이 재조림되기에 너무 짧은 시간이어서 그 영향이 제한적이었다. 산림이 완전한 탄소 흡수원으로 자라려면 100년 이상 걸리는데 그 이전에 인구가 회복되었기 때문이다. 이에 비해 몽골의 침략과 아메리카 대륙의 정복의 경우 숲이 다시 자라고 상당한 양의 탄소를 흡수할 충분한 시간이 있었다.

슈퍼 푸드 아보카도가
환경에 미친 영향

언제부턴가 아보카도를 이용한 요리가 SNS에서 부쩍 눈에 띈다. 아보카도는 초록과 노랑의 예쁜 색감, 느끼한 듯 부드러운 중독성 있는 맛의 과일이다. 게다가 풍부한 영양소를 지닌 건강식품으로 알려지면서 '숲속의 버터'라고 불리며 전 세계적으로 폭발적인 인기를 끌고 있다.

세계에서 가장 핫한 과일
아보카도의 이모저모

아보카도는 『타임』지가 선정한 '세계 10대 슈퍼 푸드'이자 기네스북에 '세계에서 가장 영양가 높은 과일'로 오른 식품이다. 비타민 A, D, E를 비롯해 지용성 비타민과 칼륨, 미네랄이 풍부해 고혈압과 피부 미용에 도움되는 건강 과일로 손꼽힌다.

다만 혈관에 좋은 불포화 지방산인 올레인산이 대부분이긴 해도 지방 함량이 18.7퍼센트에 이른다. 그래서 아보카도는 100그램당 열량이 187킬로칼로리나 되는데, 수박(24킬로칼로리), 딸기(35킬로칼로리), 바나나(80킬로칼로리) 등 다른 과일보다 훨씬 높은 수치다. 따라서 다이어트 중인 사람은 건강을 위해 아보카도를 하루 한 개 이상 먹지 않는 편이 낫다.

아보카도의 원산지는 멕시코 중동부 고산 지대와 중앙아메리카 등이며 세계 아보카도 생산량의 약 3분의 1이 멕시코 미초아칸주州에서 생산된다. 멕시코에서 아보카도는 다른 작물에 비해 수익성이 훨씬 뛰어나 '녹색 황금'으로 불린다. 1994년 북미자유무역협정NAFTA으로 미국 수출 길이 열린 이후 아보카도에 대한 수요가 매년 급증하여 멕시코 농부에게는 큰 수익원이 되었다. 2만 5천 제곱미터의 농장에서 한 해 50톤의 아보카도를 생산할 수 있는데 이는 농부에게 약 10만 달러의 수익을 가져다준다. 이것은 다른 농작물과 비교할 때 그야말로 압도적인 수익이며 심지어 마약 재배보다도 수익성이 낫다.

녹색 황금 아보카도를 둘러싼 사람들의 갈등

이렇듯 아보카도가 큰 이익을 가져오자 부작용도 함께 나타났다. 이른바 '아보카도 마피아'로 불리는 마약 카르텔과 폭력 조직이 농장을 약탈하고 보호비 명목으로 돈을 요구하며 농민과 갈등을 일으킨 것이다. 이들은 정부의 대대적인 마약 단속을 피해 아보카도를 새로운 자금줄로 삼았다. 멕시코의 유명 마약 카르텔 나이츠 템플러Kights Templar는 아보카도로 한 해 1억 5천만 파운드(약 2151억 원)를 벌어들인다고 알려져 있다. 이에 농장주들 역시 이익을 지키기 위해 총기로 무장하고 조직적으로 대응하는

'슈퍼 푸드' 아보카도는 다양한 음식에 활용되면서 세계적으로 인기를 끌고 있다.

과정에서 약탈, 납치, 살해 같은 사건이 빈번하게 일어나고 있다. 오늘날 멕시코의 아보카도 농장은 철조망에 무장 경호원들이 지키는, 마치 전쟁터 같은 모습이다.

아보카도 재배로 인한 자연 훼손도 심각한 수준이다. 멕시코 미초아칸 주에서 아보카도 재배를 위해 매년 사라지는 숲의 면적은 여의도의 20배가 넘는 것으로 추정된다. 이 때문에 아보카도와 같은 고도와 기후에서 자라는 중요한 탄소 흡수원인 소나무와 전나무 숲이 아보카도에 자리를 내주고 사라졌다. 아보카도 농사 탓에 멕시코 전체 원시림의 절반이 이미 파괴되었다는 주장도 있다.

아보카도의 또 다른 주요 산지인 칠레 페토르카 지역에서도 아보카도 재배의 영향으로 강줄기가 마르고 지하수가 고갈되는 등의 문제가 불거졌다. 아보카도 열매 하나를 키우기 위해서는 물 272리터가 필요하다. 오렌지 한 개에 물 22리터, 토마토 한 개에 물 5리터가 필요한 데 비하면 엄

멕시코나 칠레 등지에서 생산된 아보카도는 소비자에게 도착하기까지 많은 탄소 발자국을 남긴다.

청난 양이다. 대량의 아보카도 생산으로 주민이 먹을 식수조차 부족한 상황이지만 높은 수익성을 좇는 농장주들은 불법적으로 강물을 우회시켜 아보카도 경작지를 늘리고 있다. 그로 인해 주민은 식수를 배달해 먹고, 아보카도가 아닌 다른 작물을 키우는 농민은 심각한 물 부족에 생업을 포기하기도 한다.

또한 아보카도는 수년 동안 단일 재배되는 경우가 대부분인데 이렇게 되면 재배지 토양의 영양분이 줄어들기 마련이다. 결국 아보카도를 키우는 농부는 농약과 비료를 많이 사용하게 된다. 이는 토양 오염과 생물 다양성의 감소라는 문제를 연쇄적으로 일으킨다.

환경 측면에서 본 아보카도

아보카도는 생산에서 소비자에게 도착하는 과정에서 많은 탄소 발자국을 남긴다. 멕시코나 칠레로부터 주요 수입국인 미국, 유럽과 아시아까지 수천 킬로미터를 이동해야 한다. 우리나라까지 오는 길도 1만 킬로미터에 달한다. 더군다나 아보카도는 후숙 과일이라 이동 시 숙성을 위해 적당한 온도를 유지하고 보존하기 위해 보호 포장이 필요하다. 아보카도의 주요 운송 수단인 선박에서 항공기에서 배출되는 이산화탄소와 질소산화물은 지구 온난화에 큰 영향을 끼치며 미세먼지의 주범이다. 전문가들은 아보카도 한 개가 생산에서 소비에 이르는 전 과정에서 배출시키는 탄소가 423그램이라고 계산한다. 바나나 1킬로그램의 두 배에 맞먹는 양이다. 건강식품으로 여겨지는 아보카도가 한편으로는 환경 오염과 온난화의 주범인 셈이다.

물론 아보카도는 아무런 잘못이 없다. 현재 인도네시아에서는 팜유도 아보카도와 같은 현상을 겪고 있으며, 예전에 카카오나 아몬드 역시 아보카도와 비슷한 길을 지나왔다. 큰돈을 벌려는 사람들의 욕심과 유행을 좇는 소비 행위가 바뀌지 않는 한 사람들의 입맛을 사로잡을 또 다른 새로운 식품이 등장할 때마다 이런 현상은 반복될 것이다.

○ ○

지구를 살리는 여행법

○ ○

여행을 싫어하는 사람은 많지 않다. 바쁜 현실에서 벗어나 낯선 곳으로의 이동은 그것을 준비하는 시간부터 우리에게 즐거움과 위안을 준다. 여행은 늘 새로운 아침을 보여주고, 우리를 성장시키는 묘한 힘이 있다. 그러나 여행에도 불편한 진실이 숨어 있다.

여행 과정에서 많은 양의 온실가스가 배출된다는 진실 말이다. 여행에서 발생하는 온실가스는 모른 척 덮어두기에는 결코 무시할 수 없는 양이다.

여행이 환경을 파괴한다는 불편한 진실

호주 시드니대학교 아루니마 말릭Arunima Malik 교수의 연구에 따르면 관광 산업에서 배출되는 이산화탄소 배출량은 2009년 39억 톤에서 2013년 45억 톤으로 증가했다. 지구에 배출되는 온실가스의 8퍼센트에 해당하는 수치다.

그렇다면 관광 산업에서 비롯된 온실가스는 주로 어떻게 발생할까? 크게 '교통수단으로 이동하는 과정'과 '숙박 시설'에서 발생한다.

국제민간항공기구ICAO에 따르면 전 세계 온실가스 배출량의 1.3퍼센트가 국제 항공선에서 나온다. 이것은 여행 관련 전체 탄소 배출량의 25퍼센트를 차지한다. 누군가 유럽에서 뉴욕으로 비행기로 왕복 여행을 다녀 온다면 2톤의 이산화탄소가 발생한다. 한 사람이 1년 동안 집에서 사용하는 전기와 난방으로 배출하는 이산화탄소의 양과 비슷한 양이다.

사람들은 소득이 늘면 항공기를 타고 더 먼 곳으로, 더 자주 여행을 떠나려는 경향이 있다. 따라서 앞으로도 국제 항공선의 탄소 배출량을 줄이기는 쉽지 않을 것이다.

비행기는 여러 운송 수단 가운데 이동 거리당 온실가스 배출량이 가장 크다. 교통수단별로 승객 1인을 1킬로미터를 이동시키는 데 배출되는 온실가스 양을 비교하면 오른쪽 표와 같다.

이에 따르면 단거리 비행 시 승객 1인이 1킬로미터를 이동할 때 배출되는 온실가스는 285그램이다. 이 배출량은 노선 길이에 따라 크게 달라지는 데 같은 비행기 기종이라도 국제선과 국내선 간에 상당한 차이를 보인다. 비행기 이륙 시에 소모되는 에너지가 비행의 순항 단계보다 훨씬 더 크기 때문이다. 그리고 이는 환승보다

| 교통수단별 1킬로미터 이동 시 온실가스 배출량 |

교통수단	온실가스 배출량 (단위: 그램)
단거리 비행	285
중형차(가솔린)	192
중형차(디젤)	171
중거리 비행	156
장거리 비행	150
버스	105
중형 오토바이	103
가솔린 차량(2인 승차 시)	96
중형 전기차	53
기차	41
페리	19
유로스타(국제 철도)	6

출처: 유럽 환경청

직항편의 배출량이 더 적음을 의미한다. 또한 비행기 좌석에 따라서도 배출량이 달라진다. 영국 비즈니스에너지산업전략부BEIS에 따르면 장거리 비행의 경우 승객 1인당 탄소 배출량은 이코노미석과 비교할 때 비즈니스클래스는 세 배, 퍼스트클래스는 네 배 더 높다. 좌석당 더 넓은 공간을 사용하기 때문에 한 사람이 배출하는 양이 더 많다.

항공 여행으로 인한 이산화탄소 배출을 줄이기 위하여 다양한 노력이 이루어지고 있다. 국제민간항공기구는 2020년 이후 국제항공운송 부문의 탄소 배출의 동결을 목표로 하는 '국제항공 탄소 상쇄 감축 제도 CORSIA' 이행을 결의했다. 이에 따라 전 세계 항공사는 항공기 성능 개선, 운항 효율화, 연료 효율 향상, 대체 연료 개발 등을 통해 온실가스 배출량을 줄여야 한다. 유럽연합 집행위원회도 유럽 내 비행기의 온실가스 배출을 2050년까지 지금보다 75퍼센트 줄이는 정책을 발표했다.

일부 국가들은 단거리 노선의 운항 규제 등 탄소 배출을 줄이기 위한 대응 방안을 내놓았다. 프랑스는 기차로 2시간 30분 이내에 이동할 수 있는 구간은 비행기의 운항을 금지했고 항공권 가격의 3~10퍼센트를 환경세로 부과하기로 결정했다. 영국은 항공 환경세의 도입을 검토하는 중이며, 노르웨이는 2040년까지 모든 단거리 노선에 전기 항공기를 투입한다고 발표했다. 우리나라도 '항공 분야 온실가스 자발적 감축 협약'을 통해 2017년에 2016년과 비교하여 연료 효율을 3.8퍼센트 개선하고 항공유를 14만 톤 절감했다. 결과적으로 온실가스 45만 톤 감축이라는 성과를 거두었다.

여행 중 탄소 배출을 줄이려면

교통수단

단거리 국내 여행에서는 비행기보다는 자동차가, 중장거리에서는 기차가 가장 친환경적인 선택이다. 단거리 이동에 비행기 대신 기차를 이용한다면 84퍼센트의 탄소 배출량을 줄일 수 있다.

교통수단 탄소발자국을 계산할 수 있는 서비스를 제공하는 에코패신저EcoPassenger에 따르면, 런던에서 마드리드까지 여행하는 데 기차는 승객 1인당 43킬로그램의 탄소를 배출한다. 이에 비해 비행기를 이용하면 265킬로그램의 탄소가 배출된다.

기차의 경우에는 연료에 따라 탄소 배출량에 차이가 있다. 디젤을 연료로 하는 기차는 전기를 사용하는 기차보다 두 배 더 많은 탄소를 배출한

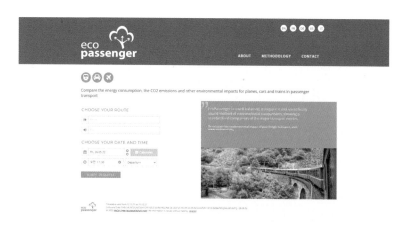

교통수단별 탄소발자국을 계산할 수 있는 에코패신저 사이트.

다. 영국철도안전및표준위원회UK Rail Safety and Standards board에 따르면 디젤 기차는 1킬로미터를 기준으로 승객 1인당 90그램의 탄소를 배출하며, 전기 기차는 45그램의 탄소를 배출한다.

전기 열차도 자세히 들여다보면 전력 생산 방식에 따라 탄소 배출량이 다르다. 전력의 약 75퍼센트가 원자력에서 나오는 프랑스와 전력의 약 80퍼센트가 석탄으로 생산되는 폴란드를 비교하면 같은 전력량을 기준으로 탄소량이 크게 차이 날 수 있다. 파리에서 보르도까지 약 500킬로미터의 거리를 기차로 여행할 때 승객 1인이 4.4킬로그램의 탄소를 배출한다. 이에 비해 폴란드의 그단스크와 카토비체 간의 약 465킬로미터 거리를 기차로 여행할 때 승객 1인은 61.8킬로그램의 탄소를 배출한다.

숙소

여행지에는 관광객을 위한 숙박 시설, 식당, 카페 등 여러 편의 시설이 한곳에 밀집되어 있어 탄소 배출을 수반하는 여러 에너지 소비 활동이 집약적으로 이루어진다. 그중에서도 숙박 시설이 가장 많은 온실가스를 배출한다. 통계에 따르면 우리나라 국민이 해외여행 시 가장 많이 이용하는 숙박 시설은 호텔(83.0퍼센트)이다. 쾌적한 환경과 서비스를 제공하기 위해 호텔은 365일 24시간 불이 꺼지지 않는다. 호텔은 전체 산업 중 병원에 이어 에너지 소비량이 두 번째로 높은 에너지 다소비 건물이다.

이에 호텔 업계는 기후 변화에 대응하기 위해 움직이고 있다. 페어몬트호텔은 1990년부터 '지구에 주는 충격을 최소화하는 호텔'이라는 슬로건을 내걸었다. 고효율 전자 제품 사용, 재생에너지 발전, 친환경 제품 사용, 불필요한 세탁 감소, 호텔 청소에 천연 제품 사용, 에너지 절감 현황 모니터링 등 에너지 소비를 최소화하는 에코 호텔을 실현하는 중이다.

오스트리아의 부티크 호텔 쉬타트할레Stadthalle는 세계 최초의 제로 에너지 호텔이다. 호텔 운영에 필요한 모든 에너지를 세 개의 풍력 발전 설비와 130제곱미터 면적의 태양광, 지하수 열을 이용해 조달하고 옥상 정원수와 화장실 용수는 빗물을 재활용한다.

발리에는 자체 정화 시스템을 갖춘 수영장 운영, 리조트 내에서 재배한 유기농 식자재 사용 등으로 에너지 사용과 폐기물 발생을 최소화하는 패시브 리조트, 뱀부인다Bambu Indah 우붓이 있다.

호텔 체인 힐튼은 미국 코네티컷에 호텔마르셀뉴헤이븐을 탄소 중립 호텔로 운영 중이다. 이곳은 애초에 1970년대 고무 공장에서 사용했던 조명과 나무 판넬 등의 자재를 업사이클링해 건물을 지을 때 일부 사용했다. 특히 이 호텔은 운영에 필요한 모든 전기를 태양열 등 재생에너지로 사용한다. 이외에 랜선으로 전력 공급이 가능한 이더넷 전원 장치가 사용된 조명 시스템과 실내 온도 조절 장치를 적용하여 일반적인 호텔 대비 에너지 사용량을 획기적으로 줄였다.

일과 일상의 스트레스에서 잠시 벗어나 재충전을 할 수 있는 여행의 달콤함을 완전히 포기하기란 쉽지 않다. 그렇다면 여행의 즐거움을 만끽하되 지구를 위해 탄소 배출이 적은 이동 수단을 활용하고, 친환경 숙박 시설과 로컬 푸드를 이용하며, 여행 중 쓰레기를 최소화하는 등 작은 것부터 하나씩 실천해보는 것이 어떨까.

탄소 중립을 향한 애플의 도전

글로벌 기업들의 친환경 정책은 이제 필수가 되었다. 애플은 '제품 공정상 탄소 순배출량을 영(0)으로 만드는 탄소 중립Carbon Neutral을 2030년까지 달성하겠다'고 선언했다. 탄소 중립이란 기업 활동을 하며 배출한 탄소량만큼을 탄소를 감축하는 활동에 비용을 투자해 탄소 배출량을 상쇄하는 것이다. 예를 들어 맥북 디스플레이를 제조하는 과정에서 연간 100톤의 탄소를 배출했다면 태양광이나 풍력 발전 같은 신재생 에너지를 생산해 기업 활동으로 환경에 영향을 준 부분을 상쇄시키겠다는 것이다.

지구와 더불어 사는 것이 진짜 혁신

애플은 모든 기업 활동에 사람과 지구에 미치는 영향을 고려하여 지속 가능한 미래를 위해 제품의 에너지 효율과 자원의 재활용률을 높이며 새로운 청정 에너지원을 개발하는 데 더욱 많은 노력을 기울이기로 했다. 이 같은 기후 변화에 대한 대응은 단지 환경적인 측면뿐 아니라 새로운 혁신 잠재력, 일자리 창출, 지속적이고 견고한 이익 창출로 이어지는 선순환 구조의 핵심 가치다.

애플은 그동안 기업 운영 영역에서만 달성했던 탄소 중립을 제조, 판매, 공급, 폐기까지 제품 생애 주기 전 과정에 걸쳐 확대 적용하기로 했다.

애플은 풍력 발전 등의 신재생 에너지를 적극 활용할 예정이다.

특히 '저탄소 제품 디자인, 에너지 효율 향상, 재생 에너지 사용, 공정 및 소재 혁신, 탄소 제거' 등 다섯 가지 분야에 투자를 할 예정이다.

탄소 중립의 구체적 솔루션

애플이 발표한 「환경 보호 성과 보고서」에 따르면 다양한 투자로 2030년까지 탄소 배출을 75퍼센트 저감한 뒤 남은 25퍼센트에 대해서는 새로운 탄소 제거 솔루션으로 탄소 중립을 달성할 계획이다. 전 세계 협력 업체가 애플 제품을 생산할 때 사용하는 에너지는 2030년까지 100퍼센트 재생 에너지로 전환될 계획이다. 이 계획이 이행된다면 연간 340만 대의 차량이 배출하는 탄소를 줄이는 것과 맞먹는 효과를 볼 수 있다.

애플은 2030년까지 제품 생산에 100퍼센트 재생 에너지를 사용할 계획으로 투자를 진행 중이다.

그중 공정 및 소재 혁신 부문은 이미 애플의 투자가 시작되었다. 16인치 맥북 프로의 소재로 사용되는 알루미늄을 무탄소 알루미늄 제련 공정으로 제작했으며 그 결과 2019년 불화 가스 배출 24만 2천 톤 저감했다. 또한 아이패드 프로와 아이맥, 애플 TV 4K 등의 제품 외장재와 포장지에 재활용 소재의 사용을 확대하는 등 환경 영향을 최소화하려 노력 중이다. 이 밖에도 아이폰에 들어가는 희토류와 희소 금속의 회수율을 지속적으로 높여가고 있으며, 휴대전화의 부품과 진동자의 소재인 텅스텐을 100퍼센트 재활용하고 있다.

애플을 비롯해 글로벌 기업이 탄소 중립화를 속속 선언하고 있다. 하지만 갈 길이 멀다. 이후의 감시 체계 작동이나 미이행에 대한 페널티 부여 등이 아직 체계가 세워지지 않아서다. 그럼에도 우리의 지구를 위해 더 많은 기업이 선도적으로 탄소 중립에 앞장서길 바란다.

마이크로소프트의
환경 경영

○ ○

운영 체제 윈도우와 MS-오피스라는 강력한 무기로 오랜 기간 세계에서
가장 큰 기업이었던 마이크로소프트는 한동안 모바일로의 전환에 적응하
지 못해 어려운 시기를 보냈다. 혁신과 체질 개선으로 다시 한번 정상으로
돌아온 마이크로소프트는 최고의 제품과 서비스는 물론 환경의 책임도 다
하는 기업이 되겠다는 계획을 발표했다.

마이크로소프트의
탄소 중립 프로젝트

2020년 1월 마이크로소프트는 2030년까지 탄소 배출량을 절반 이상
으로 줄일 뿐만 아니라 2050년까지 1975년 창립 이래로 배출했던 탄소량
까지 상쇄할 방안을 발표하며 회사가 과거에 환경에 영향을 미친 부분도
책임지겠다는 강한 의지를 표명했다. 이른바 탄소 중립을 넘어 '탄소 네
거티브Carbon Negative'를 실현하겠다는 것이다.

GDP 성장과 탄소 배출량의 추이를 보면, 경제 성장이 에너지 사용을
바탕으로 이루어져왔으며 그로 인해 지구의 온도가 상승했음을 알 수 있
다. 경제적 기회를 창출하고 번영을 지속하려면 탄소 배출을 줄이는 동시

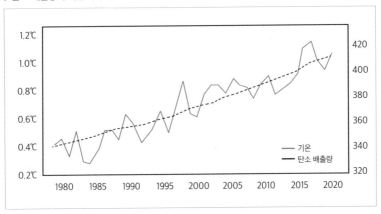

에 에너지 역시 많이 사용해야 한다. 이 역설적인 어려움을 해결하기 위해 마이크로소프트는 강력한 탄소 중립 프로젝트를 발표한 것이다. 그 구체적인 내용은 다음과 같다.

1. 향후 10년 동안 탄소의 직접 배출과 간접 배출을 0에 가깝게 낮춘다.

직접 배출은 난방이나 자동차 운전 등 연료를 직접 소비하며 탄소를 배출하는 것을 말하고, 간접 배출은 발전소에서 전기를 만든 뒤 소비자가 전기를 사용하여 탄소를 배출하는 것을 말한다. 마이크로소프트는 2025년까지 100퍼센트 재생 에너지로 데이터 센터, 사무실, 공장 등을 가동하고 2030년까지 회사의 업무용 차량을 전기차로 교체하기로 했다.

2. 2030년까지 마이크로소프트 외부에 있는 제품의 전체 수명 주기 전반에 걸친 탄소 배출도 절반 이상 저감한다.

마이크로소프트는 직원의 자발적인 탄소 저감 노력을 위해 2020년 7월부터 사내 탄소세를 단계적으로 도입했다. 사내 탄소세는 1톤당 15달러로 시작했으며 점차 인상할 예정이다. 이렇게 거두어들인 돈은 회사 전체의 배출량을 줄이기 위한 인센티브, 탄소 저감 기술을 위한 투자금 등으로 사용될 예정이다.

처음에는 출장이나 부서 전기 사용량 같은 직접적인 탄소 배출에 대해서만 부과했지만 공급 파트너사와 고객에 이르는 제품 수명 주기 전체의 배출까지 적용 범위를 확대하고 있다. 그 결과 디바이스 팀은 마이크로소프트의 데이터 시각화 도구인 파워BI를 활용하여 협력사와 파트너사의 협업을 기반으로 공급망 개선을 지원하는 관리 시스템을 구축했고, 엑스박스 팀은 장비가 대기 모드일 때 전력 사용을 15와트에서 2와트 미만으로 줄이는 기능을 개발했다.

3. 2050년까지 마이크로소프트가 설립 이래로 배출한 탄소량을 없앤다.

마이크로소프트는 10억 달러를 투자해 기후 혁신 펀드Climate Innovation Fund를 조성했다. 그리고 탄소 배출을 흡수하는 기술을 개발하는 데 투자하는 포트폴리오를 구축해 목표를 달성할 계획이다. 탄소 배출 흡수 기술에는 구체적으로 산림 조성과 녹화, 토양 탄소 격리, 공기 중 직접 포집 등이 있다.

친환경적 데이터 센터 운영

몇 해 전 우리나라에서 한 이동통신사의 서버가 다운된 사건이 있었다. 짧은 시간이었지만 그때 우리는 인터넷과 전화가 먹통이 되어 큰 불편을 겪었고 카드 결제와 은행 거래가 중단되면서 아예 일상이 함께 멈추는 경험을 했다.

이처럼 데이터 수요는 4차 산업혁명과 디지털 전환, 인공지능 개발 등으로 더욱 폭증하고 있으며, 대규모 데이터를 처리·저장하는 데이터 센터는 핵심적인 산업 인프라가 되었다. 하지만 데이터 센터의 운영에는 막대한 물과 전력이 들어 '환경 오염의 주범'이라는 비판이 일고 있다. 데이터 센터의 대용량 서버, 저장 장치, 네트워크 장치는 24시간 365일 가동된다. 이로 인해 상당한 열이 발생하기 때문에 내부의 항온항습(온도 20도, 습도 25퍼센트 내외)을 위한 냉각 시스템이 같이 작동된다. 데이터 센터의 냉각 시스템이 소모하는 전기 사용량은 서버, 네트워크 장비 등이 소모하는 양보다 압도적으로 많다.

마이크로소프트는 데이터 센터의 전력 소모 문제를 줄이기 위해 다양한 연구와 투자를 해왔다. 그 결과로 에어컨 대신 냉각기에 물을 뿌려 열을 날리는 증발식 냉각 방식을 적용해 데이터 센터를 친환경적으로 운영하고 있다. 공기를 식히느라 데워진 냉각수는 송수관을 타고 외부 냉각실로 이동한다. 냉각수는 이곳에서 증발하도록 방치된다. 증발한 냉각수는 상단 수분 필터로 걸러 재사용되고 오직 열만 외부로 방출된다. 마이크로소프트는 앞으로 증발식 냉각 데이터 센터 운영에 필요한 물 사용량을 현

마이크로소프트는 친환경적 데이터 센터를 구축하려 노력하고 있다.

재의 95퍼센트 수준에 해당하는 연간 약 57억 리터까지 감축하겠다고 밝혔다.

마이크로소프트는 컨테이너 형태의 데이터 센터를 바닷속에서 운영하는 나틱 프로젝트Project Natick도 진행 중이다. 컨테이너는 재활용이 가능한 재질로 만들어져 폐기물이 거의 없고 담수 소비가 없어 친환경적이다. 마이크로소프트의 데이터 센터는 해수로 서버를 냉각하고, 해상 풍력과 수소 연료 전지 등을 에너지원으로 하여 100퍼센트 신재생 에너지 기반의 탈탄소 데이터 센터를 지향한다.

또한 액침 냉각Immersion Cooling이라는 신개념 냉각 시스템을 도입했다. 서버를 비전도성 액체 냉매에 직접 담가 서버에서 발생하는 열로 냉매를 기화시킨 다음 응결·순환시켜 냉각 효율을 끌어올리는 방식이다. 이것은 서버를 끓는점이 50도인 특수 용액에 담가 그 이상으로 온도가 오르지 않게 냉각하는 개념이다.

아울러 마이크로소프트는 모든 데이터 센터의 운영에 필요한 전력을 풍력, 태양 에너지, 수력 등 100퍼센트 재생 가능한 에너지원을 기반으로 공급하겠다고 밝혔다.

제품 수명 주기는 늘리고
탄소는 절감하고

마이크로소프트는 서버의 수명 주기를 늘리거나 재사용률을 높여 자원의 낭비를 최소화하기 위한 마이크로소프트순환센터Microsoft Circular Center를 운영한다. 이곳에서는 인공지능 알고리즘을 활용해 폐기된 서버와 기타 하드웨어 부품을 분류한 다음, 재활용할 수 있는 부품을 파악하여 재사용하는데 재사용률을 90퍼센트까지 달성할 계획이다.

마이크로소프트는 새로운 윈도우 소프트웨어 품질 기준을 적용하여 고객의 윈도우 기기에서 사용되는 전력량을 줄여 전력 생산으로 발생하는 탄소의 양을 줄이려고 한다. 일반적으로 CPU 속도가 높아질수록 성능이 향상된다. 하지만 이와 함께 전력 소비량이 기하급수적으로 증가하고, 배터리 수명이 단축되며, 열과 소음이 발생한다. 마이크로소프트는 윈도우 기기의 프로세스와 스레드의 에너지 효율성을 향상시켜 전력 사용량과 열 발생량은 낮추고, 배터리 수명은 늘리려고 한다. 높은 성능을 요구하지 않는 작업 시에는 효율적으로 전력을 조절할 수 있도록 윈도우 프로

세서를 동적으로 재구성하는 것이다. API를 호출해 프로세스나 스레드를 지정하면 자동으로 윈도우에서 성능을 조절할 수 있게 말이다. 이를 통해 동일한 작업을 수행할 경우에도 CPU 에너지 소비를 절반 이하에서 최대 90퍼센트까지 줄일 수 있다.

환경도 위하고 고객도 잡는 스타벅스 전략

지속 가능한 미래를 위해 플라스틱의 사용을 줄이는 것은 꼭 필요한 일이다. '문화를 파는 공간'이란 트렌드를 만들어냈던 스타벅스는 '지속 가능한 커피를 지속 가능한 방식으로 판매하겠다'는 목표로 플라스틱 줄이기를 포함하여 다양한 친환경 지속 가능성 전략을 도입하고 있다.

스타벅스는 2025년까지 전 세계 2만 8천여 개 매장 가운데 1만 개 매장을 지속 가능 매장으로 만들겠다는 내용의 '친환경 매장 계획Greener Stores Initiative'을 발표했다.

환경과 비용 절감, 일석이조 효과

지속 가능한 친환경적인 매장의 운영은 사회적 책임을 실천하는 것일뿐더러 비용 절감에도 효과적이다. 스타벅스는 이를 통해 향후 10년간 5천만 달러(약 567억 원)의 원가를 절감할 것으로 보고 있다.

이 계획은 매장의 물 사용량 30퍼센트 절감, 100퍼센트 신재생 에너지로 매장 운영, 윤리적으로 생산한 원두의 사용 비중을 99퍼센트까지 확대, 소비자의 웰빙을 고려한 친환경 목재와 마감재를 활용한 쾌적한 매장 환경 구축, 플라스틱 빨대와 컵 퇴출 등의 내용을 담고 있다. 이외에 건축 디

2004	2005	2009	2018	2025
Starbucks joins U.S. Green Building Council (USGBC)	First LEED-certified store opens in Hillsboro, OR	All new stores now built to be LEED-certified	Starbucks becomes world leader with 1500+ LEED-certified stores in 20 countries	Design, build and operate 10,000 Greener Stores globally

스타벅스의 친환경 매장 설명도.

자인을 에너지와 자원 측면에서 효율적으로 통합하여 에너지 사용을 30퍼센트 줄이고, 13억 갤런의 물을 절약하며, 운영 매장의 폐기물의 90퍼센트를 재활용하고 퇴비화하는 등 자원 순환 가능한 매장도 지향한다.

　친환경 매장 계획의 일환으로 스타벅스는 우선 플라스틱을 대체할 친환경 컵을 도입하기 시작했다. 재활용이 가능하고 비료로 사용할 수 있는 친환경 컵은 기존 종이컵과 똑같이 생겼지만, 음료가 밖으로 새지 않도록 장벽 역할을 하는 라이너를 플라스틱 대신 미생물에 의해 자연 분해되는 생분해성 물질로 만들었다.

재생에너지로 커피를 볶다

스타벅스는 2030년까지 탄소, 물, 폐기물 발생량을 절반으로 줄이겠다는 목표를 세운 다음, 이를 이행하기 위해 바쁘게 움직이고 있다. 특히 스타벅스는 재생 에너지에 주목하고 실천에 나섰다. 이미 2015년부터 9천 개 이상의 운영 매장 가까운 곳에 있는 태양광, 태양열, 풍력 등 재생 에너지 전력망에 투자해 재생 에너지를 사용해왔다. 현재 미국 남동부 지역의 스타벅스 매장 600곳이 노스캐롤라이나주 태양광 발전소로부터 전력을 공급받으며, 일리노이주에서는 340개 매장이 풍력 발전소로부터 전력을 공급받는다. 워싱턴 남서부 지역의 풍력 발전소에서 생산된 전기는 140개

스타벅스는 10년간 1억 그루의 커피나무를 농부에게 기부하는 프로젝트를 진행하고 있다.

의 스타벅스 매장과 로스팅 공장에 사용된다.

이외에도 스타벅스는 산림 보존과 지속 가능한 공급망을 위해 10년 동안 1억 그루의 커피나무를 농부에게 기부하는 프로젝트를 진행 중이며 식물성 메뉴의 확장에도 노력을 기울이고 있다.

스타벅스커피코리아의 행보

스타벅스커피코리아 역시 환경을 위해 2018년 스타벅스가 진출한 세계 78개국 가운데 처음으로 종이 빨대를 전국 1,200여 개 매장에 전격 도입했다. 보통 종이 빨대 가격이 플라스틱 빨대보다 약 세 배 비싸고 일부 고객들의 품질에 대한 불만이 제기되었지만 지속 가능한 사회를 위해 과감한 결단을 내렸다. 종이 빨대가 음료에 오래 담갔을 때 젖거나 휘어진다는 지적에 빨대 안팎을 콩기름으로 코팅하는 등 추가적인 노력을 기울였다. 또한 아이스 아메리카노 등 찬 음료는 빨대가 필요 없는 리드(컵 뚜껑)를 도입하고 음료를 젓는 데 쓰는 플라스틱 스틱은 나무 소재로 교체했다. 이를 계기로 스타벅스커피코리아는 제5회 대한민국 에너지효율·친환경 대상에서 환경부 장관상을 받았다.

메르세데스 벤츠의
친환경 정책

성공한 인생의 모습을 그려볼 때 좋은 차 타는 것을 포함시키는 경우가 대부분일 것이다. 사람 취향에 따라 선호하는 브랜드는 다르겠지만 그럼에도 고급차의 대명사는 역시 메르세데스 벤츠가 아닐까.

1886년 내연 기관차를 최초로 발명한 벤츠는 자동차의 역사라고 해도 과언이 아니다. 이 상징적인 회사가 '앰비션 2039' 비전을 발표하여 2039년까지 화석 연료 기반의 내연 기관차의 생산을 모두 중단하고 가치 사슬의 모든 단계에서 전기차 등 탄소 중립의 친환경 자동차만 만들겠다고 밝혀서 화제가 되었다.

친환경 공정 프로세스

벤츠는 생산 공정도 재편하여 2022년까지는 유럽 내 모든 공장, 2039년까지는 전 세계 공장을 친환경 공장으로 바꾸어 탄소 배출량을 대폭 감축하겠다고 했다. 이미 본사가 있는 독일 슈투트가르트 인근 진델핑엔 공장을 시작으로 공장 운영에 신재생 에너지로 생산한 전기 사용을 늘려가고 있다.

공장 친환경화가 마무리되면 협력사인 부품 업체까지 탄소 배출량 감소 정책을 실천하도록 할 계획이다. 부품 업체 입장에서는 뼈를 깎는 노

벤츠는 전 세계 공장을 친환경 공장으로 바꿀 계획이다.

력이 필요하겠지만 독일의 우수한 기업 상생 제도인 LEAN Learing Energy Efficiency Network 등을 활용할 것으로 보인다.

자원 효율적인 차량

경제가 성장할수록 자동차에 대한 수요도 함께 증가하기 마련이다. 그러나 이것은 한정된 천연자원의 고갈을 심화시킨다.

벤츠는 매년 약 450만 톤의 원자재를 소비한다. 철, 알루미늄, 플라스틱 등은 물론 배터리에 사용되는 코발트, 니켈, 리튬, 망간 등 희소 금속도

포함된다. 차량 생산에 필요한 원자재의 양을 줄이기 위해 신차 개발 단계에서부터 전체 수명 주기에 걸쳐 환경 친화적으로 차량을 설계하고 있다. 그리고 천연자원의 소비를 최소화하기 위해 자원 순환에 힘쓰고 있다. 알루미늄 스크랩을 원료로 재사용함으로써 자원 고갈을 늦추고 알루미늄 제련 과정에서 배출되는 탄소를 감소시킬 수 있다.

또한 벤츠는 자원 효율적인 전기차 배터리를 만들기 위해 기술과 생산 공정에 투자하여 에너지 밀도는 높였고 희소 금속인 코발트 사용량은 줄였다. EQS에 탑재된 배터리는 코발트 함량을 10퍼센트 미만으로 낮추었고, 포스트 리튬 이온 기술을 사용하여 코발트와 같은 희소 원재료 없는 배터리를 만들려고 준비 중이다. 이와 더불어 배터리의 재활용성을 더욱 높이고 최적화에 힘쓰고 있다.

지능형 모빌리티 솔루션

혼잡한 도로, 악명 높은 주차난, 소음, 대기 오염 등 도시화의 부정적인 영향을 완화시키고 도시의 삶의 질을 향상시키기 위해 벤츠는 지능형 모빌리티 솔루션을 준비하고 있다. 차량 사용자의 동의하에 광범위한 차량 데이터를 기반 시설과 교통 안전을 담당하는 당국에 제공하여 데이터에 기반한 합리적인 결정을 내리도록 돕는 것이다.

교통 흐름이 디지털 방식으로 관리되면 지금보다 훨씬 더 안전하고 편안하며 사용자 친화적인 운전이 가능하고 탄소 배출도 상당히 줄일 수 있

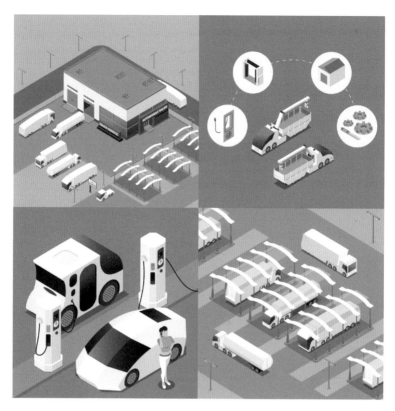

벤츠는 2039년까지 내연 기관차를 전기차 등으로 전환하는 것을 추진 중이다.

다. 지능형 모빌리티 솔루션을 사용하여 실시간으로 차량 대 차량, 차량 대 도시 인프라를 원활하게 통합하면 교통 혼잡을 피하고 주차 장소 검색을 최적화하며 운영 비용을 절감할 수 있다.

　하지만 내연 기관차를 친환경 자동차인 전기차와 수소차로 바꾸는 작업은 말처럼 쉽지만은 않다. 100년이 넘는 세월 동안 쌓아온 관련 기술과 인력을 새로운 친환경차에 적용하는 데는 수많은 시행착오가 따를 것이다. 전 세계적으로 여전히 15억 대의 내연 기관차가 도로를 달리고 있고, 모든 사람이 앞으로 몇 년 안에 환경 친화적인 새 차를 구입할 수 있는 것도 아니다.

벤츠는 기후 보호를 위해서는 앞으로 출시될 신차뿐만 아니라 기존 내연 기관차의 친환경적 관리와 출구 전략 역시 계획에 포함시켜 그 책임을 다하려 한다. 그 과정에는 유럽연합의 지속 가능한 차량에 대한 배출 제한 요구가 작용하고 있다. 2021년 7월 도로교통의 탄소 배출과 관련된 유럽연합 위원회가 발표한 규정에 따르면, 자동차의 탄소 배출량은 2025년까지 기준 연도(2021년 37.5퍼센트) 대비 15퍼센트, 2030년에는 55퍼센트 감소시켜야 한다. 또한 이 규정은 2035년에 평균 이산화탄소 배출량이 1킬로미터당 0그램, 즉 2035년 이후에 판매되는 모든 신차는 무배출 차량이 되어야 함을 명시하고 있다. 이 기준에 따라 유럽 내의 모든 완성차 기업은 신규 판매차의 온실가스 배출 평균을 유럽연합이 규정한 수준으로 맞추어야 하며 이를 준수하지 못하면 상당한 벌금을 내야 한다. 이 벌금은 배출 기준 초과분을 그램당 95유로로 환산한 뒤 한 해 동안 판매한 차량수를 곱해 산출한다.

이에 벤츠는 2030년까지 전체 판매량의 50퍼센트를, 2039년까지 모든 판매 차량을 전기차로 대체하여 규제에 대응하는 동시에 지속 가능성을 높이고자 한다.

그동안 모르고 살았지만
알고 있으면 사회생활의 무기가 되는 진짜 교양
인생 지식

초판 1쇄   발행일   2022년 7월 29일
초판 2쇄   발행일   2022년 8월 10일

지은이   김민근
펴낸이   유성권

편집장   양선우
책임편집   윤경선   편집   신혜진 임용옥   편집 진행   눈씨
해외저작권 정지현   디자인   박정실
마케팅   김선우 강성 최성환 박혜민 김단희
제작   장재균   물류   김성훈 강동훈

펴낸곳   ㈜이퍼블릭
출판등록   1970년 7월 28일, 제1-170호
주소   서울시 양천구 목동서로 211 범문빌딩 (07995)
대표전화   02-2653-5131 | 팩스 02-2653-2455
메일   milestone@epublic.co.kr
포스트   post.naver.com/milestone
홈페이지   www.milestone.com

마일스톤 은 ㈜이퍼블릭의 경제경영 · 자기계발 · 인문교양 브랜드입니다.